GORDA
SINVERGÜENZA

Aida González Rossi (Tenerife, 1995) es autora de los poemarios *Deseo y la tierra* (Cartonera Island, 2018), *Pueblo yo* (Libero Editorial, 2020) y *Escribir?* (Fundación MAPFRE Guanarteme) y de la novela *Leche condensada* (Caballo de Troya, 2023).

AIDA GONZÁLEZ ROSSI

GORDA SINVERGÜENZA

Usar el lenguaje
para habitar el cuerpo

EN DEBATE

Papel certificado por el Forest Stewardship Council®

Primera edición: marzo de 2026
Primera reimpresión: mayo de 2026

© 2026, Aida González Rossi
© 2026, Penguin Random House Grupo Editorial, S. A. U.
Travessera de Gràcia, 47-49. 08021 Barcelona

Diseño de la colección: PRHGE/Nora Grosse

Printed in Spain – Impreso en España

ISBN: 979-13-87600-75-4
Depósito legal: B-1.103-2026

Compuesto en La Nueva Edimac, S. L.
Impreso en Huertas Industrias Gráficas, S. A.
Fuenlabrada (Madrid)

C 600754

A mi hermana, mi primer espacio seguro

Índice

Me han llegado tus palabras
Como envenenados dardos
Pero has de saber que ha sido
Facilísimo esquivarlos

Porque sé que lo que quieres
Es que vuelva a hacerte caso
Y sé que lo que te duele
Es que ya sabes que paso

Los Punsetes

¿Qué es exactamente la *vergüenza gorda*? ¿De qué está hecha? ¿Por qué cualquier resistencia a ella que no nos lleve a habitarnos radicalmente (es decir, conocernos, enseñarnos, acomodarnos, entendernos, disfrutarnos, celebrarnos, chillarnos, bailarnos) es solo un parche-puertita giratoria que nos devuelve al mismo laberinto-complacencia del que cómo vamos a culparnos si surge de no querer sufrir una opresión? ¿Por qué sufrir una opresión, algo no nuestro sino de quién, nos hace sentir que somos quienes sabemos que no somos y nos amenaza ese *alguien*[1] como el filo de

---

1. En su novela *Los destrozos* (Penguin Random House, 2023), Bret Easton Ellis usa un concepto que me gusta mucho para referirse a la falsa identidad que ven les demás en su personaje, queer en secreto. A esa especie de cáscara-performance no pretendida, dada por hecho por lo que les otres suponen que es él al verle, la llama «el participante tangible». Aquí me refiero a que el estereotipo gordofóbico también hace que sintamos que, si no controlamos la información que se recibe de nosotras (esto lo desarrollaré más adelante), y si actuamos como se supone que la ver-

un barranco *que me caigo* no te caigas *que me caigo* no te caigas *que me caigo*, pues bueno, a lo mejor lo que necesitas es enriscarte barranco abajo, y acabar con la boca rota y descubrir que no pasa nada al romper las normas irrompibles de la gordofobia? ¿Qué normas irrompibles de qué?

¿Por qué este inicio está escrito en Comic Sans, si este es un libro serio sobre cosas serias en una colección seria y? ¿Por qué hay varias voces y paréntesis gigantes y como poemas raros y palabrotas y faltas gramaticales y faltas de ortografía y una irreverencia que podría ser innecesaria, que podría no estar y el libro hablaría de lo mismo y llegaría a las mismas conclusiones sin duda alguna 100 %, se supone, eso parece? ¿Qué me ha hecho el lenguaje para yo desrespetarlo de este modo horrible ah ah ah?

¿Por qué Habbo y Messenger de repente importan tanto?

¿Por qué ponerse un *top* con el que se ve el ombligo de repente

Es un gesto político clave

Que nos pertenece a las gordas *justo porque nos da tanta vergüenza?*

---

güenza aprendida debe hacernos actuar (esto también lo desarrollaré más adelante), podemos sentirnos como nuestras *participantes tangibles* y no como nosotras mismas.

¿Por qué me acomodo en hacer cosas que, como gorda, me incomodan?

¿Y por qué me digo y desdigo y me digo y me desdigo y?

¿Y por qué no me conozco al completo, *nunca, aún,* como gorda que soy y como persona que ve en la escritura un proceso de enralamiento[2] máximo en el que las intuiciones se pescan y se atienden y se afinan y resulta que sí significaban porque sabemos, sí sabemos, porque queremos descifrarnos, sí queremos, *y un cuerpo y un texto tienen mucho más que ver de lo que parece?* Un cuerpo y un texto: *¿un texto gordo existe?* Yo, como gorda, *¿cómo, cuánto, de qué forma, hasta dónde, para qué, existo?*

¿Por qué es tan importante que las gordas escribamos

Mal?

¿Por qué es tan importante que las gordas
Escribamos?

2. En Canarias usamos la palabra «enralamiento» para referirnos a esos momentos en los que el entusiasmo y la diversión te pueden llevar a perder la compostura. Es decir, una especie de estado de gracia que nos desprende de las convenciones sociales y nos embarga de una emoción que nos enciende un piloto automático impulsivo, como cuando les niñes *se emborrachan* de refresco.

Yo soy *gorda*. Y escribo. Y quiero seguir escribiendo. Y quiero escribir *libros gordos*, porque sé que el lenguaje puede ser una casa o un bicho malo. Para eso, sé que debo pensar en (escribir) cómo el lenguaje se ha vuelto para mí una casa en vez del bicho malo que era antes. ¿Cómo, me pregunto (escribo) a lo largo de todo este librito, me he pensado, nombrado y vivido a mí misma como gorda a lo largo de mi vida, y qué significado, intento escrutar de frente (escribo) y esquivando las zonas no dichas (escribo) o avergonzadas de sí mismas (escribo), tienen esos pensamientos, nombres y vivencias? Lo que pienso que es mío (:$),[3] ¿de quién es, y para qué?

Este librito no sé si es una indagación en mi vergüenza o en mi sinvergüenzura, pero quizá es lo mismo o es por lo mismo o yo. Este librito se mueve sobre sí mismo, se desdice y se contradice para entenderse, intenta ser un cuerpo de lenguaje mientras indaga en mis propios *cuerpos de lenguaje*. Usar

3. Antes del definitivo, este libro tuvo varios títulos. Uno de ellos fue *Gorda virtual*, por lo importante que ha sido para mi *yo gorda* mi vivencia de haber crecido y haber aprendido a entenderme en internet. Sin embargo, esos *centros de la cuestión* fueron cambiando: si estoy hablando sobre lo difícil que es verse a una misma siendo gorda, es lógico ese proceso de ir descubriendo y desmintiendo certezas mientras se escribe. Y es lógico, también, que las costuras del texto sean visibles, pues el texto es en sí otro de esos *cuerpos de lenguaje* que hay que analizar y resignificar.

el lenguaje para habitar el cuerpo. Bicharraco o medicina.

Escribo.

Gorda.

Primer lenguaje
Cuerpo sin persona: *fat talk*

Mi gordura es mi sombra.

Carmen Maria Machado

Triste o feliz triste o feliz triste o feliz escoge escoge.

No.
Nononono.
Tiene que ser de ambas maneras: la fiesta es el único sitio en el que se llora en paz.

Pero ¿no te da vergüenza joder las ristras de cigarritos de menta, muchacha?

Sí, en plan, sí. Una de mis (antiguas) premisas para este libro: quiero escribir un libro celebratorio, quiero huir del libro triste, quiero preguntarme qué sucede cuando empiezo a atender más mi *goce gordo* que mi *sufrimiento gordo* y quiero construir un espacio seguro en el que podamos mirarnos bailantes y no solo recordarnos apartadas de la gente y vigilando nuestros propios gestos y quietas y *yo no puedo poder, coño.* Sin embargo, ¿cómo? ¿No es cierto que nuestra fiesta existe porque antes no existía, que la alegría de reír todas juntas tan alto que la calle fuera (la gordofobia) tiembla y todo viene de que haya una calle fuera que está temblando, que los espacios seguros son maravillosos precisamente porque no olvidan y no se conforman y qué fácil caer en algo que puede ser una trampa de la ya-*seguridad*: acomodarnos en unas certezas que son solo de la fiesta, que son solo *de nosotras*?

De nosotras: privilegio de *gordas deconstruidas*, uno que no siempre tuvimos.[4]

---

4. Por ejemplo, mi primer acercamiento a los conceptos de gordofobia y antigordofobia fue aproximadamente en 2015 a través del grupo de Facebook *Stop Gordofobia,* creado por la activista y escritora Magdalena Piñeyro. Y mi primer acercamiento a un personaje gordo bien construido en una ficción audiovisual fue, en el mismo año (aunque salió en 2013), a través de la serie *My Mad Fat Diary.* Antes de eso, todo era distinto para mí: no se me ocurría validar la incomodidad que sentía cuando sufría violencia gordofóbica, era algo *natural, invisible,* y es muy fácil, desde el distanciamiento que otorga el tiempo, olvidar lo complicado que pue-

Y cuando no lo teníamos también necesitábamos sobrevivir a la violencia. Es muy fácil, sí, preguntarnos por qué coño no escogimos ser antes las que somos ahora, abordar esta escarbación a la que me dispongo aquí con un simple *mira jajajja qué basta si en realidad no pasa nada si en realidad todo era mentira si en realidad me estaba faltando un contexto tan obvio que cómo me lo perdí cómo cómo cómo.* Qué mierda, ¿no?, juzgarnos así y juzgar así a otras, y ver la claridad sobre la gordofobia como un caminito limpio que puede escogerse cualquier tarde o una cuestión de actitud de acceso abierto o, como rezan las engañosidades del movimiento *body positive,*[5] de amor propio y ya está y punto.

---

de ser llegar a dar con una información invisibilizada y (aunque, afortunadamente, cada vez menos) muy poco accesible. Incluso en espacios feministas, ¿cuánto, cómo y cuándo se habla *bien* sobre antigordofobia? ¿Y en espacios *mainstream*?

5. El *body positive* es un movimiento cultural que promueve el amor por el cuerpo, especialmente por los cuerpos que no encajan en la norma. La premisa está bien (y esta idea ha ayudado a mucha gente a, precisamente, acercarse a la idea de diversidad corporal), pero la antigordofobia es muy crítica con los discursos que centran la responsabilidad en la persona y en la idea de amor al cuerpo. ¿Se van a solucionar los problemas estructurales que me afectan si empiezo a amar mi cuerpo? ¿No amo mi cuerpo porque estoy haciendo algo mal o por culpa del sistema? ¿No tengo dere-

Lo difícil, y lo justo, claro, y lo útil, claro, es admitir que, aunque nosotras quizá estemos mejor, el sistema no lo está. Y nosotras también podríamos no estarlo. Y en muchísimos aspectos, de hecho, no lo estamos. Amo la disidencia, amo la idea de llevar nuestro ruido gordo al máximo de su estruendo, pero sobre todo amo la de usar la disidencia y el ruido para mostrar lo absurdo y terrible de aquello contra lo que disentimos y no solo para chillar enraladísimas vivas lo bien que se siente haber, se supone, dicen, nos creemos, trascendido la opresión.[6] La fiesta es resistencia.

La fiesta es exprimirnos la sal de los lagrimones.

La fiesta es una maravilla.

La fiesta es tan divertida que hasta remueve cosas fuera de la fiesta.

La fiesta es poder echarnos pedos juntas tranquilas.

La fiesta es reconocer qué era el olor a pedo ese.

---

cho a no sufrir violencia si no amo mi cuerpo? ¿Qué es, y en qué marco teórico se piensa, *amar mi cuerpo*?

6. Por supuesto, nada de esto que digo tiene que ver con haber trascendido la opresión, porque la opresión es sistémica, no personal. Esa es la ironía y el fondo de lo que señalo con ella.

El olor a pedo ese que nos ha perseguido tanto tiempo *te lo echaste TÚ* y si no y si no, y si era otra cosa y tal, y si entresacando como se entresaca el vello cuando se enreda *por aquí por allá sí nudo sí sí tuve que arrancar estos sí sí ahora piel picona sí pero bueno pero bueno*, y si la fiesta es haber cambiado el marco, y si el marco lo cambiamos para cambiarlo todo.

El *fat talk*[7] es un pedo putrefacto jediondísimo, entonces.

Sí no sí no sí no sí no. Contradicción. Un poco el centro de esto. Salidas que la propia opresión pretende fingir que da a los problemas que ella misma crea para mantenerse en pie, y nosotras, lo que decía: *sobrevivir.* Con

---

7. El término *fat talk* hace referencia a ese hábito tan común de soltar comentarios autodespreciativos sobre nuestros cuerpos gordos delante de otras personas. El clásico *estoy gordísima, tía*, el clásico *uf, es que mira cómo me estoy poniendo, uf*, el clásico *odio mis brazos mis muslos todo de mí.* Esos comentarios generan una especie de rumiación que espera una negativa amable por parte de le otre (*qué dices si no estás gorda qué hablas*), sí, pero también la comunicación de un desacuerdo con el cuerpo propio, de una desidentificación con él, de un *yo no soy así es temporal, ¿vale?*

lo tenido. A mano, *lo que veo claro es que sufro y todo a mi alrededor quiere explicarme por qué se supone que sufro y yo agarro y pruebo y lo peor es que parece ser que en sus propios términos mierdosos pues sirve* (*laberinto que acaba en otro laberinto más abierto, ¿menos agobiante?*). El pedo (el mal olor el humo verde el imperativo apurado de *aquí no puede estarse no*) es el *fat talk*, pero, desde dentro del pedo del *fat talk*, el pedo es *el cuerpo*. A mano, *sufro por ti sufro por ti sufro por ti fos fos fos.*

Ese es el peligro.

Y la necesidad de la fiesta como abordaje de lo triste.

Sacarnos de.

Darnos otras herramientas que ni nos nieguen.

Ni nos castiguen.

Ni nos confundan.

Ni nos *noexistan*: el *fat talk* supuestamente *soluciona* el pedo haciendo que *no seamos nadie*. ¿Cómo cómo? ¿Cómo cómo cómo? El primer lenguaje es una trampa que acaba en:

Ver-güen-za.

Y la vergüenza parece un pitido que te guía orgánicamente (*no hagas esto sino esto y no te embostes de este modo y ten cuidado y no enseñes el ombligo y ten decencia y cuando tu abuela te trinca y te pregunta preocupada que es que cómo es posible que estés así y que es que cómo no te asustas de ser quien eres y cuando unes kinkis te chillan en el parque de Los Hinojeros que te vayas ya que te vayas porque tú no tienes derecho y porque tú eres ridícula y porque de ti se pueden reír y te pueden castigar castigar por ser quien eres y que tengas decencia y que tengas pudor y que tengas vergüenza y eso queso y eso y nada más, y cuando cualquiera te interpela injustamente, tú debes interpretar las ganas de que se puto callen como un: está en mí lo erróneo y necesito esconderme a mí en mí como* fucking *sea*), y sin embargo la vergüenza es, o responde a,[8] un sistema de creencias que moldea tus creencias.

¿Qué apretones masajeantes (escachantes) nos da la vida (aprender la gordofobia) para que empecemos a oler (interpretar) nuestro cuerpo como un pedo (*abre la ventana corre*)?

---

8. Indagaré más adelante en qué es la vergüenza y cómo se relaciona con los sistemas de opresión.

Uno de ellos: el pensamiento gordofóbico considera que la gordura es una *herida autoinfligida*. Es decir, eres gorda porque escoges no hacer lo que está en tu mano para dejar de serlo, pues de la gordura supuestamente se puede salir,[9] igual que se puede entrar en ella en cualquier momento si una se desdisciplina y se comporta fatal y empieza a hacerse daño. ¿Cómo se hace una ese daño, o cómo en teoría ya se ha hecho ese daño la que es ya, en el presente, gorda? No teniendo voluntad. Cayendo en placeres inmediatos y pasajeros que alejan de la gesta mayor, de la causa importantísima que debería regirlo todo: el valor. Ser cotizada. Que te aprueben y te admiren. Que te quieran. Y para que te quieran,

---

9. No está nada claro que se pueda adelgazar realmente de forma sostenida en el tiempo (manteniendo el adelgazamiento más de cinco años) a través de dietas y ejercicio. Creo que la creciente popularidad de métodos como la semaglutida, usada originalmente para tratar la diabetes pero ahora administrada también a personas que quieren pesar muchísimo menos, así como el hecho de que personas que pueden permitirse los *estilos de vida adecuados* (la alimentación recomendada, entrenadores físicos, nutricionistas de renombre... todo el pack de *lo que se sabe que debe hacerse para conseguir* ese cuerpo) hagan uso de estos, evidencia bastante que el adelgazamiento radical a largo plazo, sin efectos negativos para la salud, no es viable para la mayoría de la gente.

quererte tú.[10] Y quererte es hacerte cargo de ti. Y hacerte cargo de ti es, por supuesto, darte lo mejor de lo mejor, sacrificarte para conseguirlo, no ser tan floja que resulta que algo te está haciendo sufrir y no lo cambias, que resulta que algo te está haciendo habitar uno de esos confines inhabitables de la existencia[11] y no lo cambias porque te apetecen más unos M&M's y fin del mundo la cagaste *por tu culpa*. La cagaste *porque te lo mereces*.

Por tu culpa: ¿cuánta violencia sostiene esta idea? ¿Y cuánta invisibilidad de la violencia? Tensión muy fuerte entre *los cuerpos*

10. El eslogan «Porque yo lo valgo» de la marca de cosméticos L'Oréal Paris ha sobrevivido durante más de cincuenta años como una especie de mantra del empoderamiento a través del consumo por lo bien que transmite esta idea: si tú inviertes en tu cuidado, es porque *tú* mereces que se invierta en tu cuidado. E invertir en tu cuidado, encima, hace que lo merezcas todavía más, porque *te mejora*. Esa lógica de la violencia estética (*demuéstrate valiosa para que te quieran*) es muy utilizada como reclamo de ventas, pues es, claro, profundamente capitalista. Vuelvo a insistir en la vuelta que el *body positive* parece darle a esto pero sin subvertirlo, sin desligarse de la idea de que *si te quieres*, *vales*.

11. Así entiende Judith Butler la abyección: cuerpos que residen en las supuestas zonas inhabitables de la existencia, zonas en las que resulta que sí se vive, pero en el discurso, en la ficción de la norma, no.

pueden transformarse en cualquier momen-
to y los cuerpos deben ser estables en su
rectitud y su firmeza y cuerpo importante,
cuerpo verdadero, cuerpo definitivo, es el
que ha alcanzado su estado, que debe man-
tener fijo. Si eres flaca, no engordes. Y si
eres gorda, adelgaza. Y no engordes más.
Coño.

Desde el pensamiento gordofóbico, adelgazar y mantener la delgadez es *control*. Y engordar y mantener la gordura, *descontrol*. El
control es bueno y habla bien de una (pues es
esfuerzo y sacrificio, y la cultura del esfuerzo
nos tiene pringadísimas a todas). El descontrol es malo y habla mal de una. *Flaca* y *gorda* no son solo categorías físicas: también
son categorías morales, supuestas marcas de
cómo se vive, de qué se pone por delante,
de carácter, de confiabilidad, de heroicidad o
caída en un fracaso que se ha materializado
en un cuerpo que es de tal o cual manera y.
Ya ven. La gordura es un castigo, y la delgadez, un premio.

Y entonces la flaca. Y entonces la flaca que
empiece a portarse fatal, a no seguir los mandatos, a olvidarse de ellos un poco porque
se volvió vaga o le dio por jartarse o desoyó
las recomendaciones o cedió demasiado a sus

emociones,[12] engordará. Y entonces la gorda. Y entonces la gorda que empiece a portarse que te cagas, a seguir los mandatos, a aprender de ellos porque se volvió consciente y capaz o le dio por no jartarse o escuchó por fin las recomendaciones o ignoró por fin sus emociones, adelgazará. Es una ecuación en la que media el tiempo: flaca + descontrol + tiem-

12. Aquí me estoy refiriendo a los pecados capitales (esos supuestos defectos del espíritu que, según el catolicismo, acaban llevando a la degradación moral y a cometer otros pecados más concretos y graves) que más fácilmente pueden ligarse con los rasgos morales atribuidos a la gordura: pereza, gula, soberbia, ira. También la envidia (querer ser como las amigas flacas), la lujuria (desear de forma desmedida y no adecuada al deseo que se supone que podría generar el cuerpo que se tiene) y la avaricia (ser egoísta con lo que asegura el placer) están presentes en el imaginario a través del que se construyen los personajes gordos en las ficciones gordofóbicas. No es que todo el estereotipo gordo esté formado solo por los pecados capitales, claro, pero esa lectura del engordamiento como degradación moral ayuda a materializar la idea de que los defectos asociados a la gordura son rasgos que, en nuestra cultura construida alrededor de las ideas de éxito, riqueza, belleza, cisheterosexualidad, binarismo, blanquitud, capacidad, domesticación, control, juventud, pureza, etcétera, se consideran negativísimos e imperdonables. Y están atravesados también por los imaginarios asociados a otras opresiones (no podemos entender la gordofobia sin entender el racismo y el clasismo, por ejemplo), pues el pensamiento normativo no es más que una amalgama ideológica que utiliza los márgenes para sustentarse.

po = gorda. Gorda + control + tiempo = flaca. O lo que es lo mismo: flaca exterior + gorda interior + tiempo = gorda. Y gorda exterior + flaca interior + tiempo = flaca. Y como en todas las lógicas geométricas, algo se esconde aquí.

Y no importa lo escondido, sino lo que genera el escondite. Y este escondite concreto genera demostraciones. ¿Cómo demuestra una flaca que no tiene una gorda interior, es decir, que se gana día a día su posición de flaca y por lo tanto está alineada con los valores morales adecuados? Pues exhibiendo sus conocimientos del *buen hacer*, participando en esa nube espesísima de conversaciones sobre el peso que parece estar en todas partes y complacer a quienes colocan sus sillitas ahí en una especie de ritual purgativo. ¿Qué sucede *dentro de la nube*, qué vapores la conforman, qué se lleva a cabo *para para por favor para*?

Pues se aconseja, dentro de la nube, a gente por la cara sin que esos consejos vengan a cuento, porque en mi recomendación está la certeza de que yo voy por el buen camino y te puedo guiar en, por ejemplo, la mejor forma de hacer la dieta de la piña *que es buenísima te lo juro yo la hago ¿no me ves? ¿no me lo notas? ¿no crees que tanto esfuerzo vale la pena yo sí que lo creo vale me entiendes?* Se comentan los cuerpos de las gordas, *esas otras. Que no son como yo.* Se celebra la delgadez propia o ajena, *estás más flaca muchacha. Sí es que me pegué dos semanas completas diarreándome viva que casi no me muero... Ah pues qué suerte quién lo trincara jajajaj.* Y tantas otras cosas: todo lo que cumpla esa función de sacar a relucir la cuestión de la gordura para desligar de ella a quien la nombra (*huele a pedo, ¿quién fue?*), todo lo que, en el fondo, aunque no lo parezca y no se piense al hablar, busque pedir que se mire, atienda y tenga en cuenta la disciplina propia.

Esto se conoce como *weight talk.* Y puede gritarse (bromas que directamente agreden y ridiculizan a las personas gordas, porque esa es otra de las demostraciones: *yo, que rechazo esto, no soy ni de coña así: qué asco tirarse un pedo, cómo podría alguien*) o susurrarse (la abuela bienintencionada, *come bien, muévete, adelgaza, ódiate, avergüénzate, mi niña preciosa qué fea te veo fos fos,* que si insiste tanto es porque algún gustito le da, o la amiga que le pone la mano en el brazo a su amiga gorda y le suelta *esto que te traje te lo puedes comer sin culpa que no tiene azuquítar ni nada de nada de nada*), y la bajada de volumen, o el *lo hago por ti con amor con preocupación muak muak muak*, no le quita efectividad.

Agresividad.

Complicidad con un sistema mierdosísimo.

¿Cómo demuestra una gorda, usando ese mismo armazón,[13] que tiene una flaca interior? Es decir, que no tiene una gorda interior. Es decir, que no es una *gorda de verdad*. Es decir, que está haciendo lo posible para cambiar y no hay que identificarla con su cuerpo porque no le durará para siempre: *su cuerpo*, pues, no es *ella*. Lo demuestra también con *weight talk*, claro, y con la otra cháchara gufienta[14] que es

---

13. El armazón: no querer que se nos ligue a esas características morales y usarlas, por lo tanto, para desligarnos de ellas. En el caso de las flacas que hacen *weight talk*, lo que las mueve es el miedo a engordar, entendiendo *engordar* como un proceso también simbólico que ocasiona una opresión y hace pasar la opresión por una consecuencia merecida. En el caso de las gordas que hacen *weight talk* y *fat talk*, lo que las mueve es el miedo a sufrir más gordofobia, un intento de protección que en realidad no sirve para nada, pero suaviza el componente de culpa, y, teniendo en cuenta que la opresión, como decía, se hace pasar por una consecuencia merecida, ¿no tiene sentido ese enredo? ¿Cuántos parches parecen protecciones y en cambio humedecen la herida una y otra vez para que no se cure nunca?

14. En Canarias, usamos la palabra «gufo» (o «bufo») para referirnos a un pedo sin sonido que huele peor que un

asquerosa y jedionda y complejísima: el *fat talk*. Lenguaje autoarañante-autohumillante que sale a chorros por la boca buscando ciertos efectos exteriores y generando sin querer, de paso, *no importa, puedo asumirlo, qué es una raya más pa un tigre,* ciertos efectos interiores. Efecto exterior: *estoy horrible.* Y la persona de enfrente respondiendo, justo antes de llevarse la cañita a la boca y sorber Coca-Cola, *tú eres guapísima y además estás súper proporcionada que eso es lo que importa y ¿tú no era que tenías tiroides?* O lo que es lo mismo, *tú no eres una gorda de verdad.* Y otro efecto exterior: *estoy horrible.* Y adelantarte a cualquiera de entre esa gente de enfrente que estuviera a puntito de decírtelo, y neutralizar así el pensamiento que puede estar creciendo en otras cabezas y convirtiendo tu imagen en la de alguien con esas cualidades que te hacen sentir tan mal. O lo que es lo mismo: *si puedo meterme conmigo, no soy una gorda verdadera.*

Perdón y escudo, y encima el escudo es también perdón.

---

pedo con sonido. El *fat talk* es gufiento porque parece ser inofensivo al referirse solo a una misma (muchas veces, no lo entendemos como gordofobia porque no se dirige a otres), pero contamina y apesta y hace mucho más daño de lo que se piensa.

Es perdón el escudo porque insultándote demuestras que puedes cumplir con otro de los requisitos de la moral gordofóbica: el rechazo a la gordura. Si oprimes, es que eres opresore, no oprimide.[15] Si acusas a alguien del pedo… es, claro, que tú no te lo estás echando, amiga, porque si no guardarías el secreto y tendrías las orejas calientes (¿fuiste a tocártelas?, ¡cuidado, era una trampa!) y no serías capaz de insultarte, no se te ocurriría meterte con la que eres realmente tu centro identitario tu yo más importante tu elección mejor pensada.

A alguien tienes que acusar de la gordura para demostrar que no te pertenece, ¿no? ¿Y la gorda que tienes más cerca no eres tú misma? ¿Y tú misma no eres la gorda por la que podrías sentir un cariño más problemático? ¿Y tú misma no eres la gorda que podría ser culpa tuya, y por lo tanto mejor que la ignores, que te avergüences de ella activamente?

15. Qué gran mentira. Pero respetemos la lógica del pensamiento gordofóbico (nunca pensé que diría esto lol) y lo que nos quiere contar aquí: que lo que está en el margen es lo que define y le da privilegios a lo que está en el centro, que lo que está en el centro es ontológicamente superior a lo que está en el margen y tiene derecho a oprimirlo. La lectura aquí es rebuscada y al revés: si tengo derecho a oprimir, es que soy superior a lo que está en el margen, y por lo tanto pertenezco al centro.

Agresividad, complicidad con un sistema mierdoso. *¡¡¡No soy gorda de verdad, esperen y les sorprenderé, ya noto cómo se me van deshaciendo las chichas, haré lo que me pidan porque amo la norma y fallarle a la norma es mejor que no entenderla, y soy buena y vivo bien!!!*

Claro que una no piensa eso. Lo que piensa una más bien es: *quiero sobrevivir y esto parece ser que funciona un fisquito al menos algo lo que sea cualquier gotita quiero. Me asienten y me dan charlitas que me llenan de esperanza y aprobación. No me pongo en ridículo intentando hacer cosas que claramente no puedo hacer gorda, ni mostrando una personalidad que claramente no podría tener si de verdad fuera una gorda. Me entrego a lo que seré, y lo que soy no es mi culpa, y entonces no merezco la opresión que otras sí.*

Que yo sí. Pero solo por fuera. Solo ella. Esa gorda a la que no reconozco cuando alguien me saca una foto y me la enseña y pienso: cómo podía estar riéndome tanto y haciendo tanta escandalera y que todes les demás me estuvieran viendo así... Cómo pude dejarme yo comportarse a la gorda como yo si ella estoy gorda y yo ella no pega en el escenario

que de fondo fiestita suprema chupitos de vo-
dka besos y coge y me odio y renuncio y se lo
quito y nos arresto y me cago en diez y ~~no~~
~~*puedo soportar los momentos en los que*~~
~~*coexistimos las dos*~~ *y no tengo se cree con de-*
recho a ser yo no tengo derecho a ser yo.

Consecuencias interiores, entonces: no
eres, serás. ¿Y quién eres, si serás?

**¿Tanto bla, bla, bla y no vas a poner un poqui-
tititititititito más de ti, cobarde?**

Sí, sí lo voy a hacer, aunque no como tú quieres. Voy a hacerlo usando una referencia que
me da un poco de vergüenza. Pero este es mi
libro, y estoy cansada de no dejarme estar en
algo que también me parece muy propio de la
experiencia gorda: las migajas. Eso de haber
construido tu relato a partir de tantas ideas
que no estaban pensadas en realidad para ti
(usemos citas descontextualizadas, estirémos-
las para que nos quepan, enredemos razona-
mientos que se olvidaron de la gordura para
hablar sobre la gordura) y de tantas ficciones que no pretendían tratar sobre lo gordo
ni que nadie las usara para reflexionar sobre
nada tan profundo. Haberme entendido
como he podido forma parte igualmente de

mi historia, así que no temo ser basta, no temo malinterpretar, pues nadie más me habló de mí.

Así que *Kingdom Hearts II*[16] (2005). Los principales antagonistas del juego son unos seres llamados «incorpóreos» (en inglés, *nobodies*, «nadies»). Los incorpóreos más fuertes tienen apariencia de persona, pero no son considerados personas porque nacen del cascarón que las personas reales dejan atrás cuando sucumben a la oscuridad. De forma muy resumida, pum, te vuelves mala, te conviertes en un bicho y tu cuerpo vacío, tu cuerpo sin ti, cobra vida y camina por ahí y habla y se relaciona. Lo que más se les repite a los incorpóreos es: *tú no deberías haber existido, tú eres un fallo, un error, tú no estabas planeade. Tú, por lo tanto, no existes.* Es decir, tú naciste, te mueves, respiras, comes polos azules deliciosos de sal marina con tus amigues en lo alto de la torre de la estación, amas y te enfadas, tienes nombre, emociones

16. *Kingdom Hearts* es una saga de videojuegos que surgió de la colaboración de Square Enix y Disney. Se planteó como una especie de *Final Fantasy* con elementos de Disney, y ahora mismo la serie cuenta con unos quince títulos, tres de ellos juegos principales y el resto *spin-offs*. Son mis videojuegos favoritos.

e ideas, pero, como solo eres una parte de quien deberías ser, *no eres nadie.*

Esto es un rollo total, lo sé, y precisamente ese rollo es mi migaja: cuando jugaba de adolescente, no conseguía entender cómo era posible que los incorpóreos pudieran vivir y no existir. Y me identificaba, a la vez, con sus vidas suspendidas, vacías y negadas. Con lo de ir a hacer algo demasiado humano y recordarte *ah no que yo no existo es verdad* y encerrada de nuevo. Con lo de saber que eres una desviación de quien deberías ser y por lo tanto no importas tú, importa ella, e importarías si fueras ella. ¿Sueñan los incorpóreos con volver a reunir sus piezas y completarse como soñaba yo con adelgazar y poder tener tanta entidad como mis amigas flacas? ¿Piensan los incorpóreos en su *yo de verdad* como yo pensaba en mi flaca interior, quien en el futuro haría todo eso que yo estaba dejando de hacer porque no veía posible hacerlo gorda, porque sentía que el deseo de hacerlo era un eco que ella me enviaba desde dentro de mí y no mi verdadero deseo negado? ¿No dejan de mirarse y de definirse a sí mismos los incorpóreos igual que lo hacía yo, igual que yo creía que no merecía tener identidad sino ser un eco de la identidad de esa que *debería haber existido*?

Mi migaja: gritarle a la play *ROXAS SÍ EXISTE PORQUE ROXAS SÍ ES ALGUIEN Y SORA NO ES EL VERDADERO Y ROXAS NO TIENE QUE SER SORA PARA SER ROXAS Y SER SORA NO ES SER ROXAS* me hizo quizá entender un poco que mi *timidez*[17] no era mía.

I'm Nobody! Who are you?
Are you – Nobody – Too?[18]

Así es la espera gorda. Eres, pero no existes. Porque *lo que eres no puede ser tú*, y además tienes que aprender a odiarlo: la gorda exterior viviendo ahí sin definiciones, sin ser mirada, entendida, nombrada con la tranquilidad con la que debe una nombrarse. Viviendo temida. Disimulada. *Mete barriga. Mete individualidad. Mete deseos, voz, todo.*

Vas desarrollando un sentido del ridículo tan fino que te pita ante cualquier movimiento fuera de lugar. No en el escenario. No para les otres en los mismos lugares, sino para ti, que no estabas

17. Mi vergüenza, pero utilizando el término individualizante y despolitizado con el que me he referido a este proceso tantas veces.
18. «¡Yo no soy Nadie! ¿Quién eres tú? / ¿Tú eres – Nadie – También?» (Emily Dickinson).

programada en los mapas de los sitios, que estás ahí sentadita de prestado horrorizada ante cualquier salida del tiesto que pueda implicar que se piense que estás de acuerdo contigo y te envalentonas y te valoras y en realidad la sensación es mucho más difusa y corporal: una barrera. Que no te permite ser tú misma. «¿Me atrevo / a perturbar el universo?», se pregunta T. S. Eliot en *La canción de amor de J. Alfred Prufrock*, y yo a día de hoy todavía siento que participar en una conversación no solo respondiendo sino proponiendo temas o soltando ideas en las que creo de verdad o abriéndome mucho en general es alterar un orden que estaba en orden hasta que resultó que yo. Siento que es romper la realidad verdadera con algo caprichoso que existe solo dentro de mí, en otro mundo. Escribiendo estas páginas me he dado cuenta de que ese impulso *tímido* es la versión fermentada de la *incorporeidad gorda*: tanto tiempo estudiando los escenarios a mi alrededor como me debería haber estudiado a mí misma, fijándome en sus matices porque los míos me ponían en peligro,[19] acechando sus rituales y sus sutilezas para poder

19. En peligro de ser agredida, acosada, rechazada, humillada, expulsada, respondida con esa frase demoledora que pretende acabar con la razón de cualquier cosa que digas: *cállate, gorda*.

desempeñarme en ellos de la forma más adecuada. Una acaba conociendo siempre muy bien, ¿o no?, los movimientos de su depredadore.

Lo que pasa es que no eres nadie, ok, pero tienes que seguir viviendo, andando por ahí, entablando relaciones, hablando, comiendo polos de sal marina con. Y eso implica definirse de alguna manera. Meter la mano en la bolsita de personalidades y a ver, a ver qué saco. Y aquí es donde brilla la contradicción de ser dos: tu yo verdadera es la flaca interior, pero tu yo verdadera es la gorda exterior. Y. Si eres una que no eres. Tendrás que aprender a serla. Tendrás que recoger información sobre *qué es una gorda*. De lo que te dicen (insultos). De lo que ves en pelis, series, libros (ninguna gorda o algunas gordas ridiculizadas, sometidas al estereotipo pecador horrible del que tú querías escapar refugiándote en la casetita que el *fat talk* te construye). De lo que vas descubriendo que no genera hostilidad hacia ti (quedarte calladita y quieta, no decorarte jamás, sufrir, no hacer, neutralidad y autocastigo). Por fin acabamos de llegar al centro del embrollo supremo simbólico del *fat talk* de mierda:

Te dices *¡qué gorda!* para que no se den cuenta de que eres gorda.

¿Cómo va a ser eso? Pero supuestamente funciona, pues te aleja de sentir que es tuya la opresión que sufres y que es tuya de verdad la imagen que te devuelven tantos. Ojos. Te niegas coño a ser tú esa que te imponen. Y así acabas teniendo que ser justo esa que te puto imponen. *Performance gorda*[20] porque solo puedes ser *una gorda*, y aceptas que ser *una gorda* es ser lo que te devuelven esas pupilas dilatadas que necesitan señalarte a ti para decirse: *yo existo yo existo yo yo yo.*

Ajá. Te engañó el sistema. ¿Y con qué acabaste? Con una vergüenza que flipas. Que, incluso muchos años más tarde, cuando ya te consideras una *gorda deconstruida* y ya has

---

20. Judith Butler utiliza, sobre todo en *El género en disputa* (1990), el concepto de *performance* o performatividad de género para referirse a cómo el género no viene dado sino que se construye a través de la repetición de actos, gestos y *formas de estar*. Estos actos, además, están condicionados y regulados por cómo el cuerpo se percibe y se lee. En el caso de una especie de *performatividad gorda*, podríamos decir que la forma de *ser gorda* se impone como una performatividad atravesada por todo el sistema simbólico que he analizado en este capítulo. Cuando hablo de *no ser nadie*, hablo de la performatividad gorda como repetición obligada de la ocultación propia y la adaptación a una personalidad concreta que encaje con la idea socialmente aceptable de lo gordo y a la vez funcione como mecanismo de autoprotección para las propias gordas.

pasado por un proceso inverso larguísimo (*voy a atreverme a perturbar el universo voy a vestirme con todos los colores chillones que trinque voy a enseñar la barriga voy a escandalosear mi personalidad voy a ocupar los espacios negados voy a hacerlo gorda voy a a a*), provoca que te preguntes constantemente si el libro que estás intentando escribir le va a importar a alguien, si va a servir para algo o si solo tiene que ver con *algo caprichoso que existe dentro de ti...* Escribir sobre la gordura duele muchísimo. Y precisamente porque duele, hay que intentarlo.

How dreary – to be – Somebody![21]

Qué triste ser alguien que no puede ser quien es. Encerrada dentro, soñando con salir. Yo no soñaba con adelgazar: yo soñaba con que alguien me viera.

Yo soñaba con comportarme como yo.

---

21. «¡Qué triste – ser – Alguien!» (Emily Dickinson).

Segundo lenguaje
Persona sin cuerpo: Messenger

¡La tecnología es increíble!

*NPC[22] (siempre gordo) de todos los
juegos principales de* Pokémon

Cuando odies tu propia voz falsísima,
Cuando te quedes callada aunque sepas que
    quizá se descojonarían si tú,
Cuando no es que lo decidas, es que no te sale,
    es que la boca se te congela y los brazos,
Cuando alguien te mande un puñete con to-
    das sus fuerzas en el brazo jugando y te
    duela muchísimo muchísimo y te muerdas
    la lengua en vez de pedir *detente,*

22. *Non-playable character* (en español, «personaje no
jugable»). Los personajes que están por ahí como parte del
decorado en un videojuego, con los que puedes charlar un
instante porque suelen estar programados para decirte una o
dos frases que pueden tener importancia para la trama o no.

Cuando te obligues a querer no querer un beso,

Cuando ames a tus amigas pero sus babas goteen del relato de ti misma,

Cuando todas se echen novies y te dejen más que botada,

Cuando te guste a ti une chique y te enteres de que la vez aquella que te preguntó por un anime en el pasillo fue *por hacer la coña,*

Cuando quedes con alguien y no te pregunte jamás por ti,

Cuando no seas capaz de contarle nada sobre ti jamás a nadie,

Cuando nadie te conozca de verdad,

Cuando no seas sino la simpatiquita del grupo que se mete consigo misma y *nunca llora,*

Cuando las historias de les demás te den una envidia que hasta te sale un eccema y todo,

Cuando tengas que taparte el eccema con esparadrapo para ir a clase, porque ya tu cuerpo no puede soportar más rarezas, ya tu cuerpo por sí solo ya te excluye,

Cuando te alegue tu madre chillando asfixiada *es que te excluyes tú sola sin darte ni un fisco de cuenta ¿por qué no coges y te espabilas ya de una vez es que me cago en todo?,*

Cuando reconozcas que tiene razón pero *ES
QUE NO ME DEJO,*

Cuando te dé un ataque de ansiedad pensán-
dolo, *es que. No. Me dejo,*

Cuando te digas que igual pues no te mereces
esa puta taquicardia, ¿no?,

Cuando reflexiones tres horas sentada en el
puf de tu cuarto el único lugar en donde,

Cuando ¿el problema sea *en donde?,*

Cuando te des cuenta de que para ti todavía
eres, para ti eres aún, aún,

Cuando notes superviviente una miguita de
amor por tus senderos de dentro *coño no
es justo,*

Cuando llores de verdad pero no sepas com-
partirlo,

*Pero sí sepas arreglarlo un poco al menos in-
tuyas al menos te apetezca al menos te re-
fugies al menos te funcione algo parecido
perfecto tuyo invisible magnífico,*

Métete, muchacha, en Habbo.[23]

23. Habbo (antes Habbo Hotel) es una plataforma virtual en la que puedes chatear a tiempo real con personas de
todo el mundo. La diferencia con otros chats de la primera
década de los dosmil (aunque Habbo sigue en activo, su periodo de mayor popularidad se dio entre 2005 y 2012, y
cuando hablo de Habbo, me refiero a ese contexto temporal
concreto, no al Habbo actual) está en el componente de *videojuego* de Habbo: tienes que crear un avatar que paseará

~~Un poco de cuidado con lo que voy a con-~~
~~tar ahora porque un cuerpo es un cuerpo es~~
~~un cuerpo es un cuerpo es un cuerpo es un~~
~~cuerpo y no es una persona y una persona~~
~~sin cuerpo no es una persona pero una perso-~~
~~na con su cuerpo ¿es una persona? un poco~~
~~de cuidado: recordemos que, dividida en dos,~~
~~una no se nombra. Recordemos que, dividida~~
~~en dos,~~

En 2008, Habbo contaba con, aproximadamente, 104 millones de usuaries registrades.
Un hotel con 104 millones de camas ocupa-
das por 104 millones de cuerpitos de píxeles
acostados en reposo esperando que su ocu-
pante llegara y se sacara su otro cuerpo de
carne y dermatitis tecleando su contraseña
con unos dedos pesadísimos que al rato, claro, se le olvidarían. ¿Cuántes de eses usuaries,
me pregunto varias veces al día desde que
empecé a escribir este libro, serían niñas gordas como yo? Niñas gordas maravilladas por
la posibilidad de quitarse la piel de encima.
Metaverso (así se definía Habbo a sí mismo)

---

por un hotel virtual y se encontrará en las habitaciones con
otros avatares con los que solo entonces, teniéndolos delante,
podrá intercambiar mensajes efímeros. El aspecto del avatar
puede modificarse, así como el de las salas personales.

significa *mundo más allá del mundo*. Y *comunidad en línea* (así también se definía Habbo a sí mismo) significa *grupo de personas, abierto a que tú pertenezcas a él, que se reúne en un lugar concreto que no está en la calle sino dentro de tu ordenador: en tu cuarto*. Es decir, niña gorda temiendo su propia desaparición-su propia mimetización con su propio *cuerpo de palabras ajenas*: hay gente con la que puedes quedar sin tener que renunciar a la comodidad del espacio de la soledad. Y solo sola eres tú tú, ¿no? Solo sola no tienes que medirte todo el tiempo.

Solo sola eres:

–Compleja.

–Desvergonzada.

–Honesta.

–Libre.

–Feliz.

¿Cuántas niñas gordas, dime, niña gorda fascinada-rescatada, accediendo a ese espacio que, al contrario que los de los videojuegos, es real (porque los mensajes que te devuelven los otros machangos son palabras de cabezas reales, no como pasa con los NPC, que siempre te contestan lo mismo una y otra vez hasta que te aburres y apagas y no temes que se queden solites sin ti extrañándote: los otros machangos, en Habbo, pueden ser de verdad tus amigues) e, igual que los de algunos videojuegos, te pide que diseñes tú misma a tu puto gusto tu avatar? *Avatar significa representación gráfica que identifica a alguien dentro de un entorno virtual y le hace reconocible para les demás y es el vehículo a través del que puede expresarse y hacerse ver.* Baia, baia, baia. Justo eso, quizá, sentimos las niñas gordas violentadas-atrapadas-negadas-enmascaradas que son *nuestros cuerpos*: coches en los que nos montamos cada día para ir por el mundo y poder estar ahí, el pago necesario por ser capaces de contemplar los matujitos a través de la ventana, trajes de pelos tocados en un sorteo que no nos muestran de verdad pero son leídos como el prospecto de una medicina caducada y creídos sin ninguna discusión y *si me escuchara cualquiera hablar durante un rato muy largo le convencería de que soy distinta pero parte de mi compuesto químico es no ser capaz de desmentirlo, yo: no creo tener la verdad en mi lengua.*

No tengo, la verdad, sino una

Saliva ajena, fos. Nada mío es mío, salvo, si acaso, ¿y-

O?
Y-
O-
O-
O-
O........................ *Ni siquiera gritarme me sale, de tan fallida que es mi bolsa.*

Perdón por encadenar tantas metáforas, sé que eso jamás debería hacerse en la escritura, pero es que es tan difícil explicar algo tan sencillo:

—Cuerpo tienes que tener, eso está claro.

—Pero tu cuerpo gordo, meh, cualquier cosa.

Y de pronto:

—Descubres que, como el creador de avatares (*elige el pelo elige el rostro elige los cachetes hinchaditos o no elige la camisa elige el pantalón elige los zapatos o las cholitas en forma de conejo rosas o blancas elige entre tan poco pero elige*) es tan limitado en opciones, no hay que moverse por el criterio *lo que se te parezca.* Sino por el criterio *lo que más te guste.* Que es, en realidad, un *lo que se te parezca* mucho más sincero: que se te parezca por dentro, que cuente sobre ti, en ese primer vistazo aterrador-no tiene por qué serlo, algo a partir de lo cual sí puedas ser tú descifrada. Un caminito limpio, guía luminosa, mira, los pelos de la coleta engominada porque expresan un fisquito de ruindad, o porque me parecen los más bonitos y percibo que yo soy escoger lo más bonito, o porque lo siento así en el corazón, y punto.

–Descubres que, pues ya que tienes dos cuerpos, uno que te encierra y otro que te libera, puedes escoger cuál es más real para ti. Y, por supuesto, escoges el que te libera.

No, la boba.

Funciona mejor.

Funciona mejor ser vista y poder. Comportarte como tú. Muchacha.

Traducción a *gorda deconstruida xd*: lo que pasaba era que el espacio virtual me permitía probar la vida sin gordofobia.[24] No es

24. Como tantas otras *traducciones a gorda deconstruida xd*, esta no es del todo acertada: sí, es cierto que la virtualidad es un simulacro de vida *no siendo gorda*, pero no *sin gordofobia*, pues la propia idea de *tener que dejar el cuerpo fuera* y la propia aceptación de ello es gordofobia actuando. Desarrollaré esto en el siguiente capítulo, pero quería apuntarlo sin romper la lógica de este, es decir, sin romper el desarrollo orgánico de ese desmontamiento de ideas ambiguas que se fue gestando en mí tanto viviendo

que me sintiera mejor en ese cuerpo inventado por mí, es que no era un cuerpo, y ya. Y, sin cuerpo, la opresión que me condenaba a no poder ser yo misma *no operaba*. Y si la opresión *no operaba*, todo aquello que me picaba nadie sabe cuánto en las caras internas de los codos (caspas como granitos de arena de tanta y tan imborrable secura: *échate crema de pañal de bebé trucazo para la piel atópica, bueno en mi caso la única cura posible sería que) podía hacerse*. Es decir, solo así, quitándome el cuerpo, podía yo experimentar ciertas cosas que se supone que se experimentan *con, desde* o *en* el cuerpo: ser besada, bailar cogida de manos con una mejor amiga increíble nueva, chillar en medio de un grupo de gente aleatoria, ser la protagonista de una conversación teniendo muy claro que no se iban a estar riendo de mí, tener fama de guay, no vigilarme, no frenarme, probar historias, expresiones, bromas, contar todo eso que en mi cabeza tranca-

---

como escribiendo esto. Tanto viviendo como escribiendo creí yo que la gordofobia quedaba suspendida en la vivencia virtual, y al final una de las propuestas de este librito es: cómo entendemos nuestras propias experiencias gordas es político y es valiosísimo para desenredar el enredo. Los *errores* son importantes porque son caminos trazados que seguimos ¿por qué, a partir de qué?

do con la llave a lo bestia, derribar la cancela ferrujienta que me obligaba a esperar, a no ver el tiempo como tiempo sino como una especie de ficción rara en la que yo no, no… Ay, jo. Me da muchísima pena pensarlo ahora, pero es que solo en Habbo era capaz de hacer algo tan sencillo como enseñarme a mí misma: que con mi carne encima me lo contaban con tanta vehemencia que se evaporaba la posibilidad de réplica que sin mi carne encima tenía horas y horas para hacer que quien me tuviera delante se fuera formando despacio despacio una imagen de mí realista con todos mis matices con toda mi complejidad[25] y eso.

Y eso es vital para cualquiera.

Con razón me envicié tanto que me empezó a costar salir a la calle y todo.

Y luego, Messenger. Y luego, *cibernovies*. Y luego, necesito una carne, la, te, cle, o.

Windows Live Messenger: servicio de mensajería instantánea en el que vivimos de todo

25. Retomo aquí la idea de performatividad en Judith Butler: los espacios virtuales, al eliminar el cuerpo como factor de lectura inmediata de la identidad, permiten otro tipo de performatividad, no limitada entonces por las expectativas impuestas sobre, en este caso, lo gordo.

y más entre 2005 y 2012, luego dejó de estar disponible y nos quedamos con tantos recuerdos pegados a la punta de la lengua. Yo admito, la verdad, que entiendo perfectamente la problemática de la nostalgia,[26] pero a la vez no puedo dejar de emocionarme viva cuando veo en Instagram un vídeo que replica un zumbido de Messenger o cuando mis amigues y yo nos enviamos por WhatsApp ese *sticker* que creó alguien del icono de los cachetitos rojos de Messenger. Me tatuaría ahora mismo MSN en el culo sin dudarlo.

---

26. La nostalgia, o más bien la idea de que los tiempos pasados siempre fueron mejores y más *puros* que los presentes, es un mecanismo muy utilizado por la derecha para romantizar el conservadurismo. Ahora mismo, además, el pasado está quizá más capitalizado que nunca: para verlo basta con indagar un poco en el tipo de cine comercial que se está haciendo, *remakes* por todos lados. Esto convive con algo que me atraviesa muchísimo, la *nostalgia millennial*. Echamos de menos el Messenger y la Nintendo DS. Supongo que esa nostalgia nos habla de un internet distinto, más controlable y a la vez impresionante, y, por mi parte, creo que esa búsqueda en lo que vivimos tiene bastante que ver con intentar comprender qué es ahora la virtualidad para mí. No es que me interese analizar la virtualidad de los primeros dosmil porque fuera mejor, sino porque pienso que, igual que la adolescencia guarda muchas claves de quiénes somos de adultos, ese periodo de internet también las guarda de lo que es *ser en* internet ahora, es decir, *ser* ahora que la frontera entre lo *online* y lo *offline* se ha diluido.

Casi siempre que escribo, me pillo a mí misma soltando alguna referencia a ese programa del ordenador que no era solo un programa sino más bien una puerta a través de la que podíamos refugiarnos en un montón de relaciones que solo se daban ahí. Relaciones verdaderas. Íntimas. Transformadoras.

¿Las diferencias con Habbo? La primera, en Habbo, cuando te amigabas o te ennoviabas con alguien, se entendía como un vínculo de ficción: dentro de los límites del hotelito,[27] dentro de ese *mundo más allá del mundo*, en el juego, para el juego, vida alternativa en la que lo que acabo de contar sobre ser nosotras mismas coexistía con la exploración de una especie de teatro en el que cada une estaba en su propio autodescubrimiento. Es decir, en Habbo no recuerdo profundizar demasiado en nadie: la cuestión era *tener gente delante, estar ocupada en ser vista de verdad pero quizá no por les otres sino por una misma.*

---

27. Algunos vínculos de Habbo se convertían en vínculos reales (ya no *habboamigues* o *habbonovies*, sino *amigues* o *novies*), pero lo hacían tras dar el paso a hablar por Messenger: en esos casos, lo que se da es la *afectividad messengerística* a la que me voy a referir en breve, no la *afectividad habbística*, la cual entiendo como una especie de antesala de la intimidad.

Algo así como una fiesta de disfraces en la que todo el mundo va a su puto rollo y todo el mundo se lo pasa que te cagas pero seguramente con esas personas concretas no vas a volver a coincidir nunca y vendrán otras y otras y otras y así. Messenger, por su parte, funcionaba de forma distinta: los noviazgos sí se entendían como reales, hacerte amiga de alguien sí se vivía como hacerte amiga de verdad de alguien, las mismas personas te esperaban siempre en el mismo lugar para hablar un día y otro y otro y otro y así. Supongo que era una cuestión de interfaces: Habbo estaba diseñado para moverse, y Messenger para quedarse. Costumbre, cotidianidad, charlar sobre cualquier cosa mientras sorbías leche con cereales de la cuchara. *¿Cuáles son, los rellenos de leche del Mercadona? ¿Y cómo es tu cuarto? ¿Y tu madre? ¿Y en tu pueblo cómo se siente el amanecer? ¿Y tu voz cómo es, tía, me la podrías describir, por favor?*

Frente al *tiempo extra para presentarse con la calma sin la presión de que parezca que este cuerpo que no somos nos cuente por completo* de Habbo, todo el tiempo del mundo, en Messenger, para ir afinando y afinando esa presentación e irla rozando con la identidad de otre e ir dando más y más detalles e ir *creciendo*. En lugar de sola, en compañía. En vez de *no existiendo*, confirmando que siempre has existido dentro de ti agazapada, que eres *real*: la *gorda de fuera* con sus llantos, la *flaca de dentro* con sus risas, ¿y quién eres de verdad?

Imagínate, la bobísima.

O quizá, no sé, podrías ser el sueño supremo:

Coge mi cibernovie un vuelo BCN-TFS.

Nerviosa, espero en el aeropuerto con mi bolsita de golosinas de Casa Ricardo.

Veo cómo camina por el pasillito hasta donde yo.

Y abre los brazos llenos de cadenas y pulseras de pinchos tintineantes.

Corro hacia elle y me acoge su olor.

Respira elle el mío.

Me acaricia el fleco. Me susurra *siempre me ha encantado cómo te queda tu mechita roja*.

Nos miramos a los ojos y descubro que *me ve*: soy la de los zumbidos la del (L) la de las mayúsculas y las minúsculas colocadas a mi manera la de la cam puesta un ratito un fisquito solamente y medio a oscuras y con los pelos mojados la de las fotos en picado emo la del *opening* de *Nana* enviado todas las noches antes de dormir la de la chispa la de los *besos*.

Beso y: es idéntico a los que ya.
A los que ya.

Cuestión *vergüenza*: recuerdo perfectamente el crujidito de los tenis contra la tierra de cuando, caminando por el terreno de alrededor de la cancha en Educación Física, le hablé a una de mis amigas de mi novie. Se detuvo levantando una nube de polvo y me miró horrorizada. Estoy segura de que pensó *¿cómo es posible que esta tenga novie y yo no?* Cuando le confesé, con la voz fina como un gufo, *es por Messenger*, respiró. *Ah, claro, tiene sentido, ah, vale, vale, vale.* Y, en la relajación repentina de sus músculos, *entonces es porque no te ha visto y entonces es porque no es tu novie de verdad y entonces es porque tú estás jugando al sucedáneo y estás engañándole y la validación no cuenta. No aplica para ti.*

Pensamiento Habbo para una situación Messenger. Para mí, ese amor no era una sustitución de nada, sino la circunstancia en la que se estaba dando mi vida. No me hacía sentir *dos*, sino *una*: lejos de esconderme en una apariencia o en una identidad[28] falsa, yo

28. Otro fenómeno que se daba en ese contexto messengerístico era el *catfish*, es decir, las suplantaciones de identidad por Messenger a través de las que se establecía una

con mi novie buscaba desesperadamente la forma de trascender el espacio no-cuerpo para establecer el vínculo más real posible. El no-cuerpo hizo posible la relación y luego la relación pidió cuerpo,[29] saliva, todito y más, y cuánto aprendí del deseo deseando atravesar la pantalla y tocar a quien me parecía imposible no haber tocado aún, a quien conocía como conozco la textura de mis pelos del sobaco, cuánto aprendí del deseo temiendo que ese tocarnos acabara con todo porque tal vez lo que yo deseaba tocar era la ausencia de tacto y tal vez el hechizo se fuera volando volando y no hubiera nada ahí y el suspiro de mi amiga confirmándome que quizá mi miedo tenía sentido. A la vez, mi certeza absoluta de absoluto enamoramiento sincero, y de

relación con otra persona. Esos casos tienen más que ver, para mí, con la exploración tipo Habbo: máscara que contiene la identidad y revela pero no se desborda en esa tensión de la que voy a hablar ahora.

29. Algo así como: ya lograste ser escuchada de tal manera que lo que la mala lectura de tu cuerpo no te permite decir sobre ti ya queda dicho. Entonces, lo que falta por decir es el cuerpo. El cuerpo, quizá, impregnado ya por su significado real que ya no puede negarse ni revelarse de otra forma. Con otras palabras que quizá conectan mejor con el capítulo anterior y el siguiente: ya te *autodesignaste* y el cuerpo entonces no es ya, se supone, un peligro.

absoluto *ser yo* honesto, y cuánto aprendí del deseo:

Defendiéndolo.

Y a la vez preguntándomelo.[30]

Y eso mismo con *yo misma*. Si no era real mi noviazgo, entonces yo *solo* era *la gorda*.

Esa gorda. Gorda de esa forma. Gorda de verdad. *Gorda condenada a nunca decidirse. Su propio relato, escogerlo. Su propia voz, aprovecharla. Su propia existencia, morderla.*

Y sigo, a día de hoy, escribiendo, de vez en cuando, *ciber*novies, *ciber*amigues.

Pienso incluirles en cómo me cuento porque pienso contarme gorda.

Contarme. Gorda. Nudo del libro. Liga de un tenis que se quedó petrificada de tan fuerte que se apretó y jala jala jala jala. He escrito lo que llevo de este capítulo muy emocionada, ya dije que me puede la nostalgia del internet de mi adolescencia, pero hay algo

---

30. Porque no se sabe realmente si la autodesignación *transformará el cuerpo* o *sobrevivirá al cuerpo* o puede darse solo porque *no hay cuerpo*. Es decir, no se sabe si la performatividad de una misma es posible en el espacio físico una vez que se conquista el virtual o quedará anulada.

más: por primera vez, puedo chillar *SÍ, MIS PRIMERAS EXPERIENCIAS AMOROSAS FUERON CON GENTE A LA QUE JAMÁS VI EN PERSONA*. Lo chillo en un libro, me atrevo a hacerlo, enfrentándome a todo el olvido al que he condenado tantas veces esas experiencias. ¿Cuántos aprendizajes afectivos quedaron relegados por no considerar lo *online* como un espacio de afectividad válido? ¿Cuántas cosas de nosotras mismas nos crecieron en el juntarnos con personas a las que echamos de nuestro recuerdo? ¿Cuánto *somos* gracias a *eso*?

Siempre se desestiman las *cosas de chicas*. Y en este caso, quizá más las *cosas de gordas*.[31]

Así que, tomándome en serio lo que fue tan serio: avatar = signo mío.

Signo mío emitiendo signo de beso a tu signo delante = beso.

No hay avatar, pero sí hay voluntad de beso, y palabras = las palabras son mi signo.

Es decir, palabras = avatar.

31. La experiencia del *amor virtual como único espacio en el que experimentar ciertas cosas* la compartimos muchas personas gordas, muchas personas queer y, claro, muchas personas gordas queer.

Es decir, las palabras debían ser mi avatar, es decir, mi cuerpo.

Y si mi cuerpo no soy yo, pero yo sí soy mis palabras, entonces el signo de tornillo ¿es quizá más beso que el beso en la boca colchoneta?

¿El sueño del aeropuerto es imposible porque mi piel es la del Messenger?

¿Describo aquí mi lenguaje Messenger?

¿Dedico un rato a indagar en cómo exprimía el teclado,

Aprieta con todas tus fuerzas para dentro la A *jíncala que solo así podrás decir bien que,*

En cómo me entregaba a la urgencia,

Rápido ya mándalo poco a poco enter enter *da igual que más o menos ya es lo valioso,*

En cómo mis errores propios,

Mis manías propias,

Mis iconos propios,

Mis letras repetidas repetidas siempre según la emoción *AAAAAAAAA* propias,

Mis burradas propias,

Mis enralaciones propias,

Mis ideas propias,

Mis ritmos propios,

Una cosa llamada modo Aida, *según mis amigues de entonces: estar hablando durante un rato considerable y de repente no hay contestación y sigo conectada pero ahí dejo la barra tintineando como si estuviera delan-te pero me fui me fui* | | | | |

Hacían que *solo yo fuera yo?*

Te tiendo las golosinas y luego te las qui-to y luego te las tiendo y luego te las quito uh uh y al final me siento en el piso y me las chasco yo jakjdskjkwj

Las texturas de mi piel:

Nde, cndo, pq, kawai, etto, -3-, -.-, aki, xd, tq <3, granadilla, tivoli, goga-gola, FOSXX.

Y los rasgos de mi cara:

~ Supermassive#Rainbow   (R) niña~~(no)~~ *imantada.*

Y el tono de mi voz:

Comic Sans negrita en negro siempre ^^

Dije que un poco de cuidado. Dije que cui-dado porque un cuerpo es un cuerpo. ¿Qué es un cuerpo? ¿Y por qué tan enrevesadamen-te tienes que *inventarte uno*? Déjame recor-darte:

–En Habbo no existían los avatares gor-dos.

~~–En Messenger, lo siento, tía, alguien te lo tiene que decir, te imaginaban~~ *~~flaca~~*~~. Te hacías tú pasar por flaca y justo por eso podías ser~~ *~~tú misma~~*~~, ¿o no?, ¿o no?, ¿o no?~~

~~Porque las gordas, en la~~ *~~presunción de cuerpo,~~*

~~Y siempre hay cuerpo,~~

~~Y~~ *~~siempre hay cuerpo el tuyo encorvado frente al escritorio rascándose la picazón yéndose a dormir muy triste porque algo no encajando porque algo inquietísimo porque algo una certeza un cabo suelto~~ ~~no es quizá no es suficiente esto, o yo~~ *~~porque una mentira,~~*

~~Porque las gordas, en la~~ *~~presunción de cuerpo,~~* ~~no existen.~~

~~Y siempre hay cuerpo gordo ahí contigo.~~

~~Te dije que~~ *~~cuidado~~*~~: ¿qué vas a hacer ahora con este tejemaneje que no ha arreglado NADA?~~

Cállate

Te lo pido por favor

Cállate

Me estoy *contando gorda*

Y la cosa es que *contarse gorda* es difícil

No es lineal

No es puro agradecido ah ya está ok ok

Mira cómo todo esto me separó de mi cuerpo verdadero:

Mira cómo todo esto me acercó a mi subjetividad
verdadera:

Mira cómo, dividida en dos,

Tuve un fisco más cerca

Ser una sola solo una:

Mira cómo fracasé y, gracias a ello,

¿Pude?

Tercer lenguaje
Persona: cuerpo

Y estaré muy ocupada intentando convertirme en quien soy.

Hannah Horvath (Girls)

Te dejo sola un rato y mira tú la que me armas. ¿Qué coño acaba de ser eso?

Yo misma peleándome conmigo misma: ambigüedad de la experiencia virtual gorda. Sí, todo lo que nos dio fue cierto: confirmar que podíamos comportarnos de forma distinta, que esas lucitas que sentíamos por dentro (incluso las que fuimos en el pasado, antes de que la gordofobia nos hiriera)[32] eran nuestra per-

---

32. «El primer exilio es la infancia», dice Roberto Bolaño. Y para nosotras quizá lo es de una forma muy concreta. Me doy cuenta de que muchas veces, cuando escribimos sobre nuestras experiencias gordas, acudimos a la infancia como

sonalidad verdadera y no solo algo que esperar y que desear y no solo envidia-eccema-me copio-intento-no merezco-mira tú-*la gorda que se quería hacer pasar por flaca y no vio su propio ridículo jajaja*.[33] Sí, ser *gordas virtuales*[34] nos ayudó a entender que nosotras como gordas también éramos personas y no nos hacía falta tener cuerpos delgados para serlo. Pero a la vez también, claro, no nos dábamos cuenta de que todo eso ocurría justo porque nos estábamos escondiendo tras unos cuerpos delgados que, por otra parte, en cierto modo, de verdad sí eran *nuestros*: *nuestros cuerpos ideales*. Que poco a poco, gracias a los laberintos de la gordofobia tan enrevesados que vivir

---

marco de pensamiento anhelado: saber que eres gorda pero no saber aún (o, en el caso de llevar esto a lo adulto, *ignorar*) qué significa ser gorda para el sistema gordoodiante.

33. El estereotipo, como mencioné en la nota sobre los pecados capitales, construye a las personas gordas como *envidiosas*. Esa supuesta envidia, mirada desde la antigordofobia, no es más que un sentimiento de injusticia que el sistema también consigue blindar: leerlo como envidia refuerza la idea de *tú que quieres esto que no te mereces* (es más: refuerza la idea de *tú quieres esto que es ridículo que quieras*) y naturaliza la opresión incluso desde *dentro* del cuerpo oprimido.

34. Aquí lo del primer casi-título. Ahora, mientras releo esto, fantaseo con una idea: ¿y si *Virtual Diva* de Don Omar habla, en realidad, sobre una gorda en internet? «Salió a la disco a bailar / Una diva virtual / Chequea cómo se menea».

dentro de ellos genera líos tan grandes como el que me acabo de mandar en el capítulo anterior, fueron mutando hasta llegar a ser: *nuestros cuerpos mentales. Cuerpos imaginados. Cuerpos-nosotras. Cuerpos-quizá la creación de un avatar no funciona solo del yo hacia la pantalla, quizá también del mundo hacia el yo; quizá también tenemos un avatar mental, y quizá también ese avatar nos encierra y nos libera a partes iguales ambiguas así.*

Es decir, qué verdad tan dolorosa me reprochó antes la voz tachada: mi cibernovie me imaginaba flaca. Pero es que yo también me imaginaba flaca a mí misma. Yo había aprendido a entenderme como una *flaca encerrada en un cuerpo gordo.* Por eso, claro, el encuentro con las personas que yo consideraba que eran quienes mejor me conocían en el mundo (y lo sigo considerando, de hecho) era imposible, pues mis dos cuerpos se anulaban inevitablemente entre sí. Ser *la gorda de fuera* impedía que pudiera ser *la flaca de dentro,* así que lo siento muchísimo, @*noimantada*: es cierto que elle no iba a quererme como me quería en palabras-olores. Y ser la *flaca de dentro* implicaba que no era realmente *la gorda de fuera*: entonces, no quererme de la misma forma era de verdad quererme, y ay, qué rollo, pf.

Los rollos suelen ser como tiritas
Podridas
Es decir, te tapo, te protejo quizá un fisco,
te impido estar pensando todo el rato sin ce-
sar en tu herida, pero no te curo nada y quizá
incluso te empeoro porque no te enteras de
cuánto te vas infectando y te ilusionas con la
ficción de *puedo hackear mi herida* y, para-
dójicamente, si tu herida tiene un punto dé-
bil, la acabas naturalizando un poco, ¿no?

¡Me salvé! Y la verdad puseando: *cada vez,
te alejas más, de tu ombligo, gota, costra.*

*Vergüenza de contar lo ambiguo: vergüen-
za,* tanto que la nombro y por fin me da por
explicarla, significa toparte con tu propia materialidad frente a un *deber ser* al que tu materialidad no llega.[35] Significa tener ese *deber ser* tan

35. Sara Ahmed, en *La política cultural de las emociones* (Libros UNAM, 2019), explica que la vergüenza aparece
cuando nos sentimos fuera de lugar (o, lo que es lo mismo,
fuera de la norma). La vergüenza no se da por haber hecho
algo mal, sino por *ser nosotres* ese mal, por *llevarlo dentro*:
el sentimiento de vergüenza genera urgencia de despojarnos
de eso desagradable que nos avergüenza, y, al ser nosotres
mismes lo desagradable, explica, lo que nos urge es expul-
sarnos a nosotres mismes de nosotres mismes. Por ello, la
vergüenza nos dirige a una búsqueda constante: ¿cómo podemos dejar de ser *nosotres* para ser *el ideal* que, por otro

claro que al final acabas por no verte de verdad a ti misma,[36] y así quedas desprotegida y dada por hecho como una espalda retorciéndose frente al ordenador y los codos cortándose de tanto apoyarlos en el borde del escritorio y no duele y no duele porque se está en otro lugar. El *deber ser* de escribir este libro: rechazar cualquier ¿*solución*? que no desemboque en habitar realmente el propio cuerpo gordo con todas sus consecuencias y toda su materialidad. Sin embargo, pienso mucho en algo: quizá rechazar las resistencias que ejercimos *con lo que teníamos* y lo que estas nos aportaron es no romper con la lógica de la escisión, no aceptar que, aunque nos vendieron que *no estábamos ahí* y nos vendieron que *el marco de pensamiento gordofóbico era natural venía dado*, ¿sabes, voz en negrita?, nosotras siempre estábamos, y nos rebelábamos sin darnos ni cuenta, y ocupábamos espacios,[37] y podemos contarlo.

---

lado, se supone que somos *nosotres* verdaderamente y por eso, porque hemos fallado en serlo, nos sentimos tan mal?

36. Sara Ahmed explica también que la vergüenza hace que el sujeto se encierre en sí mismo y se dé, a la vez, la espalda a sí mismo. Es decir, autoodio: odio lo que soy pero lo odio pero lo soy pero lo odio.

37. Yo hablo del espacio virtual en este libro porque ese es el espacio que yo he ocupado de esa forma concreta (buscando una liberación un poco por inercia, pero buscándola).

Y quizá lo que necesitamos es contarlo. Transformando todos los conceptos. Arrancándoles la lectura simbólica de la gordofobia (yo, gorda que no puede ser ella misma, busco ser delgada como sea incluso sin serlo para poder ser yo) y pegándoles encima la pegatina traslúcida de la antigordofobia (yo, gorda oprimida, encontré un espacio en el que respirar y en el que poder disfrutar de mí misma aunque les demás no me lo permitieran) y recuperando la agencia tal vez no en el momento (igualmente, cuerpo flaco fingido, etcétera: lo vivimos así entonces) sino *ahora*. *Contarnos gordas* es *entendernos gordas* y *entendernos gordas* implica confiar más en nuestra duda que en el sistema que quiere explicárnosla.

¿Un libro limpio? No es posible, me he nombrado sin nombres y ni siquiera puedo ser consciente de cuánto. No es posible, tengo que interrogarme e indagar, y escribir es jincar esa cuchara hasta el fondo para sacar el estallidito de chocolate oculto. No es posible, incluso lo que me parece que he hecho mal puede haberme ayudado e incluso lo que me parece que he hecho bien puede haberme

---

Para otras, esos espacios serán otros, y animo a reinterpretar lo que cuento desde cada biografía.

dañado: claro, es que ser gordas antigordofó-
bicas no implica ser las gordas que habríamos
sido sin gordofobia. Porque no somos flacas.
Somos gordas que siempre estuvieron ahí presentes viviendo todo eso.

Y resistiendo quizá se construye.

Y construyendo quizá se resiste.

Afirmación: no es reconstruir nada, es mirar lo que ya tenemos hasta que nos duelan
los ojos y exponerlo en todas partes y sacarle
el jugo y celebrarlo y *yo existo muchísimo.*

Vergüenza, no te temo: no, no te temo, porque, si eres la incomodidad de no solaparme
con un ideal y yo dejo de buscar ese ideal, ¿qué
daño vas a hacerme? Si el ideal es el puente
con el que el sistema que me oprime se mete
dentro de mi cuerpo,[38] ¿no estoy desaferrán-

---

38. También en *La política cultural de las emociones,*
Sara Ahmed analiza las emociones entendiéndolas no como
privadas sino como sociales. No es que estén dentro de nosotres: circulan entre cuerpos, se pegan a objetos, imágenes, palabras... La repetición cultural hace que las cosas se carguen
afectivamente. Es decir, las emociones se gestan en el encuentro
con les otres y con las estructuras sociales, y son políticas y
tienen poder político: disciplinan, celebran, marcan los recha-
zos que tanto naturalizamos, nos juntan y nos separan y nos
hacen, por ejemplo, temer, temer con y desde el cuerpo, lo que

dome del sistema que me oprime al desaferrarme de él? Si, en lugar de ceder a la vergüenza dándola por válida y dándola por mía, la viro y me doy cuenta de que lo que yo quiero es *ir en contra de la norma* porque *no estoy de acuerdo con la norma*,[39] ¿no cambia lo que significan para mí esos burbujeos y esos calentamientos faciales y esas ganas de ponerme un cojín encima de la barriga en cuanto me siento en cualquier sitio? Es complicado entender que, para hacerle caso de verdad a nuestro cuerpo y darle una *buena vida*, a veces debemos no tener para nada en cuenta ciertos sentimientos que se desmontan cuando los pensamos. O no, perdón, quizá es inevitable que los

---

no es correcto *para el sistema*. O sentir vergüenza, y sentirla con y desde el cuerpo, cuando no somos correctas *para el sistema*. O sentir alegría y orgullo cuando estamos siendo correctas *para el sistema* (por ejemplo, ese impulso de sacarnos fotos cuando vamos al gimnasio, no solo para celebrar el momento sino porque inconscientemente nos alegra *estar adecuándonos a la buena moral*). Nos parece que lo que sentimos en el cuerpo es genuino y cierto siempre, pero también es política, cultura y programación sistémica.

39. Sara Ahmed indica que la vergüenza, es decir, el sentimiento de fracaso por no llegar a un ideal, es también una forma de, de algún modo, llegar al ideal: sintiendo vergüenza confirmo mi compromiso con ese ideal, admito que lo considero importante, me alineo con su moral. En el anterior capítulo, al analizar el *fat talk*, abordé esto mismo en otros términos.

tengamos en cuenta y, o quizá sí que debemos tenerlos en cuenta porque: si la vergüenza es el arañazo de la gordofobia por dentro y me dicta cuándo estoy a puntito de romper alguna norma sagrada de mi escisión, de mi encerramiento, ¿no me dicta, también, cuándo estoy haciendo algo tal vez importante para ir contra mi encerramiento?

Y no me refiero, claro, a que siempre que nos tiemble la vergüenza tengamos que hacer cualquier cosa que nos mande a hacer. A lo que me refiero es a que tras la vergüenza hay algunas cuestiones valiosas que podemos preguntarnos si deseamos o qué pasa. A lo que me refiero es a que cumplirnos esos deseos a pesar de la vergüenza, desmontándola y dejándola estar si quiere y contestándole, puede ser importantísimo para nosotras. Mientras escribía la última parte del capítulo sobre el *fat talk* me frustraba no ser capaz de explicar algo que para mí es muy obvio y que supongo que ahora, por negarlo, he entendido mejor: una no escoge *no voy a moverme así porque no encaja con lo que significa mi cuerpo en este mundo jediondo*. Una solo siente que esos movimientos no están disponibles en su catálogo de movimientos. Especie de gelatina rodeando el cuerpo. Y atravesar la vergüenza es entender que sí son posibles aunque cuesten un poco, que el parón que se percibe no es gelatina sino imposición, que si queremos nos sale que nada viene dado, que *si quieres, venga*.

Quise tantas veces que alguien llegara y me dijera eso mismo:

Si quieres, venga, suéltate grita méate de una carcajada ponte eso habla habla.

Y lo quise porque quise que me lo hicieran existir delante y luego yo.

Pero si yo existo, yo existo. Fuerte, ¿no? Como nadie me lo dijo y aquello no podía decirse y pedirlo dicho era por supuesto un error (*con lo que teníamos*: me lo habría facilitado igualmente), me lo digo entonces yo misma, o no, o ni siquiera: hago y entonces me digo. Hago y entonces soy. Hago y entonces *soy gorda*. Yo soy gorda. Yo.

Fin de la escisión: y el cristal a través del que nos vemos, ventanita frente a nosotras siempre ahí y nosotras también al otro lado, resulta que está llenísimo de mierda. Ni chiquitos lamparones y gotitas de escupitinas y hasta marcas de unos labios que ¿por qué se pegaron ahí tanto tantas veces?, por aburrimiento tal vez, o por intentar solucionar la separación horrible comunicarse con lo que más allá.[40] Ni chiquito enturbiamiento que hace que, igual que con la vergüenza, tengamos que pensarlo todo otra vez descartando las certezas que nos parecen tan naturales y vivas en nosotras: ay, pf, ts, chk, gg, omg, descubrir que eres una sola en lugar de dos tú peleándose por cuál es más verdadera y por cuál debe significarte y ser tu identidad *hola me llamo Aida, ¿y qué significa Aida?, pensando infinitamente.* Descubrir que, si la vergüenza no es una ley y el ideal pues no lo compras ni de coña, entonces sí eres tú tu cuerpo gordo: ¿la diferencia con un avatar? ¿La diferencia con un *yo escogido*, sintético?

40. En el capítulo anterior esbocé una crítica al *body positive* que retomo aquí para puntualizar que esa desvergüenza de la que hablo no está orientada hacia la consigna de *ama tu cuerpo para que todo se solucione.* No estoy hablando de amar, sino de mirar sin (o con y asumiendo el) miedo, habitar, resignificar, aceptar radicalmente: de hecho, es bastante posible que el imperativo de *amar nuestros cuerpos* nos aleje de esto, pues implica que *gustarnos* (es decir, considerarnos cerca de nuestro ideal de *lo bueno*, aunque transformemos ese ideal para caber nosotras) es necesario para *existir*, y además niega el hecho de que la violencia sigue ahí, tanto fuera como dentro (en nuestras historias, en nuestras formas de aprendernos y mirarnos, en nuestro proceso, que es constante y desafiante siempre).

Un cuerpo no se escoge. Un cuerpo se tiene. Un cuerpo se *es*.

Yo con cuerpo: un cuerpo es impredecible e innegable, disfrute[41] y llaga, un cuerpo es todo lo que puede hacer un cuerpo[42] y todo lo que un cuerpo puede desear hacer y todo lo que un cuerpo puede imaginar hacer y todo lo que un cuerpo puede recoger de eso que hace, un cuerpo es una memoria ruinísima que si la dejamos hablar pues sale sale sale sola sale como un estallido de Fanta de una botella rodante y un cuerpo es un impulso y una imperfección y si me doy la mano con mi amiga ahora que sé que sé lo que es un cuerpo (creo) no temo que mi mano de verdad no esté

41. En *Usos de lo erótico. Lo erótico como poder* (1978), Audre Lorde define lo erótico como una fuente profunda de conocimiento y poder, como una forma de habitar la vida que coloca en el centro el placer, el deseo, el reconocimiento de lo que nos conmueve y nos atraviesa y nos hace sentir seres completos y dignos. En su opinión, la conexión con ese saber interno, propio del cuerpo, posibilita el cuestionamiento de ciertas estructuras de poder que quitan agencia a los sujetos, pues construye sentimientos de honor y autorrespeto que van en contra de las negaciones del yo que algunas opresiones necesitan para autoperpetuarse.

42. Muchas personas gordas nos hemos apropiado la famosa cita de la *Ética* de Baruch Spinoza: «Nadie sabe lo que puede un cuerpo».

tocando su mano de verdad porque nuestras manos de verdad son nuestras manos de carne y a veces las manos de carne parecen no ser suficientes no llegar a todo y eso es lo hermoso del cuerpo que no llega a todo y está como está y es lo que hay y habla y pide y cambia y, como el cuerpo es lo que en el día es el cuerpo y lo atraviesa todo todo todo (o nos conecta, en realidad, con todo: el mundo es, de hecho, el cuerpo),[43] no hay que pedirle al cuerpo que sea *nada*. Hay que leerlo. Y tocarlo y vivirlo, y ya.

Y decirlo. Y hacerlo. Porque, igual que no somos *solo lo de dentro*, no somos *solo lo de fuera*: quizá el avatar, es decir, ¿cómo queremos contarnos de entre todas las formas en las que podemos contarnos?, es algo que se hace sobre

43. Maurice Merleau-Ponty, en *Fenomenología de la percepción* (1945), propone una visión del cuerpo que rompe con la separación cuerpo-mente: el cuerpo no es una *cosa*, sino algo que somos y el sujeto mismo de la percepción. El cuerpo es nuestra manera de estar en el mundo, y, por ejemplo, una mano no es solo una extremidad sino también una posibilidad de tocar. Así, el cuerpo es encarnado y a la vez percibido por otros cuerpos, vidente y visible, sujeto y objeto. Lo que sucede con la escisión de la gordofobia se parece mucho a una escisión cuerpo-mente que no nos permite entender la importancia del cuerpo también como *cuerpo vivido* y, por lo tanto, también *para una*.

y con y por todo el cuerpo estregado hasta no poder bañarlo ya nunca jamás. Quizá la cosa es simplemente que podemos ser quienes seamos seamos quienes seamos[44] y la cosa no es inventarnos sino explorarnos de verdad. Y para explorarnos de verdad igual tenemos que dejarnos un poco de campito libre, parar de decir *esto está bien* o *esto está mal* y decirnos, simplemente, *esto está*. Y dejarlo crecer tranquilo y luego ya *a ver a ver*. Yo, como gorda que ya no le teme a su gordura,

juego con mi propio yo desencerrado: me he vuelto una desobediente y una guarra y una buscadora de cómo romper y cómo resignificar y mamarrachear y meter lo que no se debe donde no se debe. Me encanta y lo veo un poco como un centro de personalidad mío. Un rasgo que utilizaría para describirme. *Hola me llamo Aida, ¿y qué significa Aida?, pues contar un chiste escatológico en una situa-*

44. Vuelvo a la performatividad en Judith Butler: si nos hacemos en la repetición, y esos gestos repetidos están limitados por la norma social, es decir, por la vergüenza que aparece como una delimitación, y entendemos que el límite no lo pone el propio cuerpo gordo sino la norma gordofóbica, entonces no nos hace falta *quitarnos el cuerpo gordo* (como en el espacio virtual) para poder performarnos de formas *no permitidas*. El cuerpo gordo *puede*, pero aprende que no.

ción seria y disfrutar de las caras de impacto y de la sensación de que la realidad[45] *se empieza a arrugar por los bordes y alguien la va a acabar haciendo una bolita para echarla en la papelera y nos vamos a encontrar así con otra realidad más libre (sin cristalito jediondo) en la que vamos a poder estirar las patas más cómodas todas y.* Yo siento eso cuando veo a una gorda haciendo cosas *que no debería.*

Sí. Igual que con *las migajas,* crecí intentando identificarme sí o sí con personajes flacos por todo eso de la complejidad bla, bla, bla, por todo eso de que los personajes gordos disponibles eran todos iguales (escritos gordofóbicamente) y además si me identificaba con uno me iba a confesar gorda bla, bla, bla. Así que cuerpo mental delgado bla, bla, bla. Sí rescato cosas de esas identificaciones (el mundo también es nuestro), pero ninguna se compara a lo que siento al poder identificarme con un personaje gordo bien construido: justo esa relajación de músculos y una barrera que se suaviza y unas ganas que te cagas de

45. La ficción de realidad, las normas que se hacen pasar por la realidad, la construcción de una realidad discursiva que no muestra todo lo que puede acoger y oculta, en este caso, palabras, relato, y, en el caso de la gordura, cuerpos, posibilidades de los cuerpos.

hacer lo que me apetezca a mí. La representación es importante siempre, y a las gordas las otras gordas nos enseñan que no estamos solas, que no es un capricho nuestro querer ser nosotras mismas, que seguimos ahí aunque no se nos enseñe (*do I dare disturb the universe?*, si sé que el universo ya está perturbado pues es más facilito todo) y, sobre todo, que hay muchísimas maneras de ser gorda y la nuestra está por inventar y habrá quien nos acompañe en el proceso.

Las otras gordas, mis interlocutoras.[46]

Tampoco puede compararse lo que siento al habitar mi propia vida intentando ser *normal* (o sea, buscando ser *a pesar de* ser gorda, *aunque* sea gorda) con lo que siento al habitar mi vida considerándome una gorda que está profundamente atravesada por la gordura y la reconoce como identidad y po-

---

46. En el sentido en el que Carmen Martín Gaite habla de ello en *La búsqueda de interlocutor* (1973), aunque ella se refiera a escribir y yo a vivir (vivir, tal como lo estoy entendiendo aquí, es también nombrarse, y nombrarse se parece a escribirse): búsqueda incesante de le oyente perfecte que quiera y sepa entendernos tal como necesitamos ser entendidas. Quizá ese interlocutore es inventade por nosotras. Lo que quiero decir con esto es que me interesa la idea de dejar de intentar ser legible para la gente flaca y acomodarme en la confianza de que entre gordes nos podemos ver y acompañar.

sibilidad.[47] Desestructurar es hermoso. Siento euforia al decir algo cuando no se debe decir y siento euforia al mostrar lo que no se debe mostrar, llamar la atención que no debe llamarse, exponer lo que enturbia lo que se entendió, bailar aunque no se espere (y aunque me dé vergüencita), ocupar el espacio que no debería ocupar y ocuparlo además como no debería ocuparlo, ¿y porque no debería ocuparlo? En mi caso, puede ser, creo que sí.

Chillar la cochinada de repente: la cochinada tiene un brillo especial y da más sensaciones de chispitas interiores porque *irrumpe*. Enseñar, por ejemplo, el ombligo siendo gorda: tiene un brillo especial y me da ganas de llorar de alegría porque *irrumpe* y *significa*.

Yo no quiero enseñarlo solo por tener el derecho, yo quiero enseñarlo por tener la euforia. Y emocionarme por contestarle al *deber*. Por perturbar el universo: ampliar sus bordes.

47. Para Virgie Tovar, y así lo explica en *Tienes derecho a permanecer gorda* (Melusina, 2017), la antigordofobia cristaliza en una cuando, al fantasear con el futuro, deja de imaginarse flaca. Futuro y presente, cuenta, tienen muchísimo que ver, pues imaginarse gorda en el futuro es estar habitando gorda el presente, es decir, identificarse con el cuerpo material y no con el cuerpo ideal.

El descontrol es mío: esa palabra que odié tanto. Esa escupitina que tanto quise tragarme: el *fat talk* o demostrarme mesurada tranquila predecible un esfuerzo para mí conmigo porque compensación porque no quiero que mi moral diste de la moral moral y. Me pregunto, y qué bien que ahora puedo preguntármelo, qué tiene de malo el *descontrol de los cuerpos que se descontrolan y disciplinarse fos fos fos.* ¿Qué asusta tanto, en realidad, de la gordura?

Cuerpo: cambio, fluidez, organicidad. Y disfrute. Y *yo, mi posición en este mundo como yo decida, y vivir tiene muchas formas y podemos ser tanto a la vez y a la vez seguir siendo una cosa sola que no se diluye por ello.* El descontrol, leído sin gordofobia, o leyendo la gordofobia desde la antigordofobia para desmontarla, ¿es malo, acaso? El *yo con cuerpo* de hace unas páginas es irrealizable desde la norma gordofóbica: según ella, un cuerpo debe apretarse a sí mismo constantemente y quedarse entre unos límites antinaturales que, de tan antinaturales que son, necesitan hacerse pasar por *características de ese mismo cuerpo.* Es decir, esa tensión constante que sentimos, ese mirarnos medio de lado para vernos como nos tenemos que ver *por favor por favor*, ese dejar de hacer para no transformarnos y ese *cuerpo ideal mental* que nos acompaña como si fuéramos nosotras su concha, ese cuestionarnos si tenemos derecho a existir de verdad con nuestros cuerpos de verdad, se nos vende como propia de tener una carne que se pone roja al arañazo. Y no lo es, por supuesto.

Y ser gorda y estar tranquila. Ser gorda y no ejercer esa fuerza hacia dentro *achícate ya de una vez para siempre vete de aquí no te regodees*.[48] Ser gorda y entender la materialidad del cuerpo propio como real y no asirse al cuerpo esperado y no esperar.[49]

48. Esos son los tres mensajes-pilares de la gordofobia que Magdalena Piñeyro expone en su charla TED *Acabemos con la gordofobia ya* (2021): *reduce tu tamaño, aquí no cabes* y *está mal ser tú*. Estas tres ideas, transmitidas a través de toda la cultura gordofóbica (anuncios, espacios, falta de representación, estereotipos, violencia médica, discurso, frases hechas…), guían nuestro comportamiento y lo que normalizamos que es o no es para nosotras (por ejemplo, si debo reducir mi tamaño porque aquí no quepo porque está mal ser yo, me parecerá normal que los asientos de la guagua sean demasiado pequeños para ciertos cuerpos). Desautorizar estos tres mensajes, es decir, interrumpir el supuesto automatismo de esas conductas, implica ser *una gorda salida del tiesto*, o, lo que es lo mismo, *una gorda que no acepta el sistema que la violenta*.

49. Algo que parece muy obvio y sin embargo marca una gran diferencia: al, por ejemplo, ponerme una prenda de ropa que quiero ponerme pero me da vergüenza (pan-

Ser gorda y *saberse de verdad esa gorda, asumirse persona, ocupar espacio.* Ser gorda y desobedecer. Muestra, *ay, no no no, ay, no quiero verlo, verlo me interroga me cuestiona me lleva a hacerme preguntas me palpa costuritas me mete la uña debajo del hilo me va a tirar, ay, ay, ay,* que la contención no le es propia al cuerpo, sino al sis-

---

talones de tiro bajo, o colores chillones, o ropa muy *femme*, o incluso maquillaje como a mí me dé la gana llevarlo), intento no mirarme buscando que me quede como me imagino que debería quedarme sino descubriendo cómo me queda de verdad. Además, dos *tips*: el primero, como escribí en un poema hace unos cuantos años sin darme cuenta de que hablaba sobre mi propia vergüenza gorda, *mires lo que mires si lo miras mucho tiempo te acaba gustando.* Es decir, a veces la vergüenza se acomoda cuando, en vez de huir enseguida de nuestro propio reflejo, nos damos un momento para acostumbrarnos a él y dejar que la imagen se nos asiente y se nos naturalice y nos *exista* con nitidez. El segundo *tip*, usando un poco la idea de *cuerpo vivido*, apunta hacia lo contrario y a la vez hacia lo mismo. A veces es mejor coger y salir así sin pensarlo demasiado, no examinarnos ni interrogarnos, decirnos que estamos eligiendo ponernos eso porque significa algo para nosotras y no tiene que quedarnos de ninguna manera concreta. Como me dijo una vez mi amiga Ana Perdomo hablando sobre esto, *fake it until you make it.* Irá siendo más fácil e irás, seguramente, encontrando la comodidad y la euforia. Derribar el *cuerpo ideal mental* implica la hermosa certeza de que no tenemos que ser nada para ser nada.

tema. Que se puede vivir sin ella. Que *vétete ya de ya.*

Ser gorda, serlo de cualquier manera, asusta al sistema al recordarle que los cuerpos no son eso que se ha inventado y se pueden desbaratar y pueden traspasar los límites y más allá de esos límites lo que hay es un castigo y un no encajar y un ser todo eso sobre lo que cae una construcción simbólica que nos hace creer que ser gorda *es lo peor que nos podría pasar*,[50] un reborde dorado clarísimo más allá del que, lololol, *no existiríamos.* Pero el castigo es *construido.* Es *violencia.* Es el sistema mismo. Sin castigo, resulta que no hay castigo.

Por lo tanto,

Un cuerpo gordo,

¿Es *más cuerpo* que *un cuerpo*?

Si el descontrol es una característica de los cuerpos y los cuerpos gordos se ocultan para que los cuerpos no recuerden que el control no es una característica de los cuerpos,

---

50. Esto también es algo que suele señalar Magdalena Piñeyro. Por ejemplo, en su libro *Stop gordofobia y las panzas subversas* (Zambra, 2016), apunta que se nos enseña que ser gorda es lo peor que podría pasarle a alguien, la desgracia entre las desgracias, y a las gordas se nos enseña que *somos* lo peor que podría pasarle a una persona delgada. *Somos* la desgracia.

Si el descontrol nos es necesario para ser nuestros propios *cuerpos propios*,

Si el descontrol es bueno, y me encanta, y me cura, y no solo mi *herida gorda* sino también mi *herida humana*, quizá es que ser una gorda descontrolada revela cosas sobre lo que la vida es y lo que hacemos con la vida y lo que significa *ser*.

El exceso es mío: he omitido adrede, exageradamente adrede, una pregunta que recorre todo este libro igual que recorre toda la gordofobia. La he omitido para irla respondiendo poco a poco sin pensarlo demasiado, igual que las gordas nos la vamos respondiendo poco a poco sin pensarlo demasiado mientras vamos viviendo: ¿qué es lo que hay cuando incumplimos las normas y traspasamos la frontera y nos convertimos en *gordas morales*? ¿Qué sucede cuando nos abandonamos a lo que les demás puedan pensar de nosotras y lo dejamos ser y lo desautorizamos? Es que, chos, desde aquí ya no puedo ni plantear la pregunta bien. A ver,

Desde la lógica del *fat talk*, ¿qué pasa al no negar la gordura propia?

Y desde la lógica del Messenger, ¿qué pasa al ser nosotras mismas *en persona*?

Como en la vida, en el libro ya la respuesta: *nada*. Y, como en la vida, en el libro la respuesta requiriendo un matiz que ahora me toca sí o sí afrontar: *nada* en el sentido de que lo que tememos, o no existir o ser *monstruos*,[51] se acaba desmontando y acabamos descubriendo al monstruo como un valor positivo revelador y deseable de encarnar y sus características como valores hermosos capaces de mejorar las vidas (perderle el miedo a exceder implica poder ser muchas más cosas, perderle el miedo a cambiar implica no tener que vigilarse, perderle el miedo a la imperfección del cuerpo implica más posibilidades para el cuerpo, perder la vergüenza ni les digo lo que implica porque es infinito y tan emocionante) y su presencia como algo subversivo que lo interroga todo. Acabamos descubriendo que *ser monstruos* no es solo mejor que *no existir*: también es mejor que *haber huido*. La solución nunca jamás fue adelgazar, y qué poderoso es saber que puedes, e incluso prefieres, ser gorda.

---

51. Parece que la figura del monstruo está un poco emplastada aquí, pero, igual que con la pregunta, la he omitido conscientemente y le he hecho sostener todo este análisis: lo abyecto como zona supuestamente inhabitable que en realidad revela las costuras del sistema.

Yo elijo la gordura, elijo la moral gorda, pues el cuerpo no se elige pero revela: y seguir lo que revela el cuerpo suele llevar a verdades mucho más ciertas.[52]

Pero (no nos desanimemos por favor por favor)

El (importantísimo, ininmencionable, sé que se esperaba, sé que)

Matiz (no es lo único no es lo único no es lo único):

Ser *radicalmente gordas* no nos exime, por supuesto, de la violencia gordofóbica. De vivir en un mundo gordofóbico y ser sujetos

---

52. Aquí no solo me estoy refiriendo a lo gordo, sino a las opresiones en general y al *privilegio epistémico*, como lo llaman autoras como Sandra Harding: las personas en *posiciones subalternas* son las que pueden tener un acceso más completo y crítico al conocimiento, pues son quienes pueden evidenciar con mayor claridad, por sufrirlos y no necesitar perpetuarlos, los mecanismos de las opresiones. Aprovecho para recordar que la gordofobia está atravesada por otras opresiones (el racismo, el clasismo, el capacitismo, la LGTBIQ+fobia, el machismo...) y que distintas identidades pueden habitar un mismo cuerpo. Todo este libro está escrito desde mi identidad concreta (gorda, blanca, mujer, cis, bisexual, canaria, de pueblo...), pues hablo desde lo vivencial y lo encarnado, pero ni esa es la única posibilidad (hay tantas como cuerpos) ni espero que la lectura de lo que cuento se limite a eso: quizá la única posibilidad de *objetividad* es situarse.

oprimidos. Todo eso sigue ahí, y duele igual, y, como señalé ya hace páginas y páginas, olvidarlo, ignorarlo, es un error terrible. Yo sé que en cuanto se publique este libro me van a insultar por gorda en redes. Sé que si me hacen alguna entrevista voy a tener que mentalizarme sí o sí para encajarlo. Sin embargo, ¿qué hago, no lo escribo o qué?, sin embargo, cuando me insulten y me afecte, ¿no querré acudir a otros lugares seguros construidos por otras gordas que me recuerden que ellas también son el mundo?, sin embargo, ¿no podría ser este otro lugar seguro para otras gordas? No me desanima saber que ser una gorda sinvergüenza no soluciona la gordofobia porque no concibo la sinvergüenzura gorda como algo individual, sino como algo colectivo. Somos porque otras son y, gracias a que somos, otras pueden ser,[53] y estamos juntas e intentarse un jardín amable para la gorda que es una es también plantarse para las gordas que son las demás y viceversa y escribir, siendo gorda, es muy importante. Así que hay que hacerlo.

La violencia sigue ahí, pero ni estamos desvalidas ni vamos a darle credibilidad. Cuando

---

53. De nuevo, desde lo interseccional y lo situado.

estaba empezando a escribir esta versión de este libro, una señora insoportable me increpó en la guagua porque, según ella, *ocupaba dos asientos* y *muévete* y *no tienes derecho a estar aquí* y *tienes que caber* y *tienes que hacerte cargo* y *mimimi*. Fue horrible, por supuesto, y sentí angustia y vergüenza, por supuesto, pero, en cuanto llegué a mi parada, casi sin pensarlo me dirigí al Decathlon más cercano para comprarme la cremita para las rozaduras de los muslos que ya me hacía falta ya mientras les mandaba audios a mis amigas contándoles, muy cabreada, lo sucedido. Enfadarme. No desatenderme negándome a ir a por la preciadísima crema (estaba totalmente rozada, la verdad). Cuestionar su marco de pensamiento y no darlo por superior al mío, por único, *la realidad*. No estudiar todo el ambiente para ver cómo me tocaba reaccionar según si alrededor estaban de acuerdo o disentían o qué. No quedarme repitiéndomelo tres días como un mantra negador de mi yo y, sobre todo, ser consciente de que el problema me era absolutamente ajeno: la culpa fue suya, y de la guagua.

Teclear, a pesar de la vergüenza, todo este libro.

Sin una gordoridad[54] que me ha hecho posible estar segura, nada de eso.

Otras compartieron su *privilegio de gorda deconstruida* conmigo.

El cuerpo es político y nosotras, repito, *también somos el mundo.*

Así que escribir gordas es escribir presentes.[55]

54. El hermosísimo concepto *gordoridad* ha sido creado por el activismo antigordofóbico como apropiación, reformulación y cuestionamiento del concepto *sororidad*. Cristina de Tena y Lara Gil, del pódcast *Nadie hablará de nosotras*, explican en el artículo «Gordoridad: porque quiero a las otras me quiero a mí», publicado en Pikara Magazine en 2024, que la idea de gordoridad parte de saber que no podemos ni queremos afrontar la gordofobia solas. Juntarnos para resistir, validar experiencias, sabernos diversas, construir espacios de alianza en los que ser entendidas y poder pensar y sentir conjuntamente: todo eso dignifica y mejora las vidas gordas, vela por ellas. «Cuando varias gordas se juntan disminuye la alerta», escriben Cristina de Tena y Lara Gil, y sí, así es, sin duda.

55. Con el sentido que Virgie Tovar le da al presente: *estar nosotras mismas* para *ser nosotras mismas* y dejar entrar la materialidad del cuerpo en el terreno del ensueño, de la posibilidad, de ser el centro inevitable que se rodeará de lo que quiera porque su existencia *no es negociable*. Estoy segura de que ese *futuro gordo* es mucho más feliz que un *futuro flaco* que ya sabemos lo que implica. Igual que, para mí, mi propia escritura gorda es mi propia felicidad: no solo *soy*, también me *deseo*.

Cuarto lenguaje
Escribir: sinvergüenza

Esto no es un cuerpo,
no soy de papel,
y sin embargo,
ardo.

Sofía Crespo Madrid

Aclaro lo que ha pasado aquí. Yo quería escribir un libro *sobre* la escritura gorda, y empecé a hacerlo. Lo logré un poco, creo, aunque lo que ahora siento es que debería haber dado alguna definición cerrada y pragmática, algo que otra pueda agarrar y llevarse como la perlita que Peeta le regala a Katniss en el segundo libro de *Los Juegos del Hambre* y ella mira de vez en cuando para empujarse a ser fuerte y y y. Pero es que, como siempre, me desvié. Es imposible, creo, hablar de escritura gorda sin *hacer* escritura gorda, ¿no?, y *hacer* escritura gorda es impredecible, indomesticable.

Y creo que, por intentar abrirme a mi propio lenguaje,

Y mirarlo de frente también en lo *qué horrorius*,

Y buscar mis propias *normas* que nunca me son normas, sino *rasgos*,

Y aceptar las ganas, los enralamientos, los entusiasmos, los *no puedo más*, los llorar dos horas porque no sale una palabra exacta *justa* en el sentido de *joder esto es importante y si no me logro*, y los desvíos, los misterios,

Y desobedecer adrede,

Y mostrarme en contra no solo de la gordofobia, también de cómo nos pensamos, mostramos, *hacemos*, y descubrir que es igual está cruzado y por eso la escritura ha sido siempre mi cuarto ha sido siempre mi cuarto lleno de mi olor y yo oliéndolo y suspirando y recargada y enfrentarme así a la vida ya corriendo .l. y entender que *escribir es mi forma de existir*,

Y ver las dos cosas alineadas-extremidades: observar la materialidad del cuerpo negada para entresacar su historia-y dejar ser la materialidad de la voz para entresacar su historia-y ya al mirarme no busco *otro cuerpo* igual que al escribir ya no busco *otro texto*, e indagar en lo que tengo me permite justo eso, indagar en lo que tengo, jurungar, ¿y esto?, uf,

Por intentar, en fin, *acercarme a mi cuerpo de lenguaje*,

Me he acercado, en fin, a mi cuerpo. Y viceversa.

Escribir mal = abrirse a las posibilidades veladas, *perseguirse.*

Escribir bien = ceder a la vergüenza.

Y escribir puede ser *escindirse* (el lenguaje puede ser *fat talk*).

Y escribir puede ser *disfrazarse* (el lenguaje puede ser un avatar flaco).

Y escribir puede ser *desvergonzarse* (el lenguaje puede ser una fiesta).

Y un cuerpo puede todo y una voz puede todo y supongo que la perlita de Peeta no es sino esa idea: amigas gordas, lo que más claro tengo en la vida es que la desobediencia es nuestra, y nos conviene.

Hagamos bastadas. *Novela para gordas.*[56] Por nosotras y *para nosotras:* ¿por qué *novela?* Porque escribir esto ha sido recontarme mi propia vida en mis

---

56. El otro título provisional de este libro, el que aguantó casi casi hasta el final, fue *Novela para gordas*. Así veo este libro: repasar mi vida, la historia de mi cuerpo, para construir la narrativa encarnada de la desvergüenza de la que hablo. Como sigo queriendo que las costuras de este texto se noten, he dejado deliberadamente dentro de este capítulo la referencia a ese extítulo que, aunque al final no recogió del todo el resultado de estas páginas, sí sigue siendo una reivindicación que me importa: toda esta exploración parte de que yo misma quiero escribir una *novela para gordas*, un libro gordo que se despoje del lenguaje gordofóbico y celebre el lenguaje antigordofóbico.

propios términos y en los términos que he tenido que inventar yo misma por buscarlos verdaderos, videntes de todo aquello que *uf uf uf*. ¿Por qué *para gordas*? Porque las *lectoras ideales* que he tenido en mente todo el rato siempre han sido gordas: no gordas como yo ni gordas que sea yo capaz de imaginarme ni gordas abstractas ni nada. Gordas que no conozco (y gordas que conozco: hola, tías, gracias por leer esto <3) con sus propias vidas y matices y texturas y sabores de cachetes que yo no puedo anticipar al pensarlas desde aquí. Una vida gorda no habla por todas. Pero puede pensarse, y al pensarse se abre a ser vista, y al ser vista quizá invita a mirar hacia dentro-fuera-todo-ya lo dije y lo requetedije pero que otras se hayan llamado gordas delante de mí hace posible que yo me llame gorda.

Una escritura gorda no nos escribe a todas, pero *rompe delante*: lo mismo.

Aunque sí hay algo que sé. Sí hay algo que sé con seguridad y lo sabía al empezar a rajuñar (siento que así me lo he tenido que sacar de la cabeza, tan difuso y ahora tan claro) este libro y lo reafirmo ahora al terminar de rajuñarlo hoy ahora aquí. La escritura gorda no se hará pasar por flaca.

Y todo lo que he contado en estas páginas supongo que me ayuda un poco a entender cómo: igual que yo no voy a hacerlo, pues mis palabras tampoco, y, para no hacerlo yo, me expongo a que *se me vea* y a *verme yo*, y, para que mis palabras no lo hagan, las expongo a *que se* sientan *gordas, que se monstruo-seen, que duden y den vueltas y excedan y se carguen y suden y se rocen y exhiban todo lo que está* mal *con un texto y con un cuerpo.*

Y que, como con el cuerpo, intenten entenderse de verdad de verdad desde sí mismas. O que, de hecho, sirvan para que el cuerpo *pueda.* O que, de hecho, como el cuerpo, vayan y sigan y anden y no busquen ser perfectas ni ser nada porque la materialidad es lo importante y si existimos, existimos, y mirarnos tal como somos y mirarnos muchísimo es revolucionario.

Que nos *noexistan.*

Pues la respuesta es existir a lo bestia.

Y eso es lo que ha pasado: toda mi vida creí tan separadas la mente y la carne y también la carne y la boca y ahora las veo juntas pegadas todo lo que pueden y es esa la perla, quizá...

Escribir es del cuerpo.

Y, para nosotras, *para* el cuerpo.

Y, para nosotras, muy muy importante.

Escribo gorda[57] = lo intenté.

57. Aprovecho para contar que Google Docs lleva todo el libro (es decir, día tras día durante todo un año completo) sugiriéndome, cada vez que escribo *gordas*, que lo corrija cambiándolo por *gorditas.* Creo que no lo he resuelto (habría sido tan fácil como añadir *gordas* al diccionario, aunque, eso sí, *solo en mi propio Google Docs*) porque quería comprobar

si, habiéndole dado un libro entero sobre todo esto, lo iba a seguir haciendo. Y sí sigue, claro. Me parece una buena metáfora para terminar: nada se resuelve al intentarlo una vez, es un proceso para siempre y en realidad no estamos resolviendo sino resistiendo y, *para y por* resistir, *festejando*. Y *para y por* resistir, existiendo.

Bibliografía

Ahmed, Sara (2019). *La política cultural de las emociones*. Libros UNAM.

Butler, Judith (1990). *Gender Trouble: Feminism and the Subversion of Identity*. Routledge.

—(1993). *Bodies that Matter: of the Discursive Limits of Sex*. Routledge.

De Tena, Cristina, y Gil, Lara (2024). «Gordoridad: porque quiero a las otras me quiero a mí». Pikara Magazine. <https://www.pikaramagazine.com/2024/03/gordoridad-porque-quiero-a-las-otras-me-quiero-a-mi/>.

Dickinson, Emily (2016). *Complete Poems*. Faber and Faber. Easton Ellis, Bret (2023). *Los destrozos*. Literatura Random House.

Lorde, Audre (2002). *La hermana, la extranjera. Artículos y conferencias*. Horas y Horas.

Martín Gaite, Carmen (2021). *La búsqueda de interlocutor*. Editorial Siruela.

Merleau-Ponty, Maurice (1993). *Fenomenología de la percepción*. Planeta-Agostini.

Piñeyro, Magdalena (2016). *Stop gordofobia y las panzas subversas*. Zambra.

— (2021). *Acabemos con la gordofobia ya* (vídeo). TedxTarragona. YouTube. <https://www.youtube.com/watch?v=Oq7ilt6FAcc>.

Spinoza, Baruch (2011). *Ética*. Alianza Editorial.

Tovar, Virgie (2017). *Tienes derecho a permanecer gorda*. Melusina.

Agradecimientos

A Sofía, por todo. Por existir tanto como existes y por celebrar mi existencia como la celebras cada día. Por cumplirme el sueño del aeropuerto pero de verdad y con todos los matices afirmativamente y cumplirme el sueño, en general, de la vida juntas. Por ser la primera lectora de este libro, por haberme sostenido en los momentos horribles de escritura y por haber chillado de alegría conmigo en los momentos eufóricos de escritura. Gracias, Po.

A mi madre. Todo este viaje ha sido posible para mí porque ella siempre me ha facilitado mi propia existencia. No sé si ella sabe lo importantes que son para mí las charlas sobre el cuerpo y la afirmación de mi cuerpo gordo que me dio cuando era pequeña y adolescente. Se lo digo aquí por si acaso. Es una suerte infinita que tú seas mi madre.

A mi padre, que, mientras me desesperaba en algún punto del año que pasé escribiendo este libro, me envió este WhatsApp: *Es perfecto. Baja el listón todo lo que sale de ti es perfecto, hasta la caca* *emoji de caca*. Si tú crees en mí, yo creo en mí. Y en ti siempre.

A mi hermana. Verme a través de los ojos de Irene siempre ha sido más cierto que verme a través de los míos, y qué bien. Tú me enseñaste a atreverme a expresarme también con el cuerpo y, si tuviera que repetir algún momento infinitas veces, serían los cinco días que nos pegamos jugando al *Animal Crossing* de la Wii asquerosas durmiendo en el salón con el aire acondicionado y juntas y eschavetadas. Te quiero mucho y este libro es para ti.

A mis primas Inés y Eva, mis primeras mejores amigas, quienes durante este año han vuelto a enseñarme que merezco mostrarme en todos los espacios. Durante el tiempo de escritura de este libro pasaron cosas que nunca olvidaremos y estoy orgullosísima de ellas. A mis primas Elena y Miriam, también, por inspirarme a querer más todavía que el mundo sea mejor.

A Pable, por ser mi interlocutora y mi hogar y la persona con la que hablar más se parece a pensar. Siempre juntas. A veces imagino que fuimos ciberamigues y luego me doy cuenta de que es por lo milagroso que me parece poder verte y estar contigo.

A Vanessa, por transitar este camino (y tantos otros) conmigo y ayudarme a ver tantas cosas y existir con tanta fuerza y construir junto a nosotras un hogar en el que los cuerpos pueden estar tranquilos.

A Sabina y María José, por poder estar obsesionadas con la escritura juntas.

A mis amigues, que ya saben quiénes son, que ya saben todo lo que me enseñan, que ya saben que la fiesta es por y con ustedes.

A ti, que ya no estás conmigo pero sabes quién eres y lo presente que has estado en todo esto. No sabes cuántas veces has aparecido en los borradores. No sabes cuánto deseo que nos reencontremos aunque sea inviable. *Emoji de monito*.

A todas las personas que organizaron y presenciaron el I Congreso Internacional «Cuerpos, materias y otros restos» celebrado en septiembre de 2024 en la UAM. Tuve la oportunidad de dar en él una conferencia en la que probé varias de las ideas de este libro, y la emoción con la que las recibieron me ha dado fuerzas para escribirlo. Gracias, de verdad, siempre.

A todas las gordas.

A Magdalena Piñeyro, siempre.

A Cristina Torres, por hacer esto posible.

A Paloma Abad, por editarlo con tanto cariño y complicidad.

A mis ciberamigues. A mis cibernovies. A internet.